한 국 해 양 대 학 교
박   물   관
해양문화정책연구센터
국제해양문제연구소
해양역사문화문고⑨

보트피플, 한국에 닻을 내리다

한국 입국 베트남 난민의 역사와 문화적 영향

노영순

글터
GEUL TER

　　1975년 4월 30일 사이공 함락 이후, 20여 년 동안 100만 명의 베트남인들이 크고 작은 배에 몸을 실어 위험천만한 여정을 떠났다. 이들은 베트남 난민, 혹은 '보트피플'로 알려져 있다. 이들은 전쟁의 참상과 공산주의 정권의 탄압을 피해 자유와 새로운 삶을 찾아 나섰으며, 그 과정에서 많은 이들이 목숨을 잃었다.

　　한국은 1975년부터 1993년까지 약 3,000명의 베트남 난민을 받아들였다. 이는 단순한 인도주의적 행위를 넘어서는 것으로, 한국이 국제 사회의 일원으로서 수행한 중요한 책임이었다. 베트남 난민의 수용은 한국 사회가 처음으로 대규모 외국인 집단을 받아들이고 그들과 공존하는 경험을 하게 된 계기였으며, 이는 한국의 다문화 사회로의 전환의 시작점이 되었다.

오늘날 우리가 이 주제에 관심을 가져야 하는 이유는 다음과 같다. 첫째, 베트남 난민의 경험은 현재 진행형인 전 세계적 난민 위기를 이해하는 데 중요한 역사적 맥락을 제공한다. 둘째, 이는 한국 사회의 다문화적 변화의 출발점으로, 현재 우리가 겪고 있는 다문화 사회로의 전환 과정을 이해하는 데 필수적이다. 셋째, 베트남 난민 수용 경험은 한국의 국제적 위상 변화와 인도적 책임에 대한 인식 성장을 보여주는 중요한 사례다. 마지막으로, 이 주제는 우리에게 인간의 존엄성, 문화적 다양성, 사회적 통합 등에 대해 깊이 있게 성찰할 기회를 제공한다.

이 책은 바로 이러한 맥락에서 베트남 난민과 한국의 이야기를 다루고 있다. 1975년부터 1993년까지 한국에 들어온 베트남 난민들의 경험과 그들이 한국 사회에 미친 영향을 포괄적으로 탐구하며, 이를 통해 우리 사회의 변화와 성장을 조명한다. 이들의 여정과 한국 사회와의 상호작용은 단순한 역사적 사실을 넘어, 현재와 미래의 한국 사회가 나아갈 방향에 대한 중요한 통찰을 제공한다. 이 책은 난민들의 여정, 한국 사회의 대응, 그리고 이를 통한 한국의 변화를 역사적, 사회적, 문화적 맥락에서 심도 있게 분석했다.

책은 크게 세 파트로 구성됐다. 첫 번째 파트인 "1975년 베트남 난민의 한국에서의 시간"에서는 사이공 함락 직후 발생한 베트남 난민들의 여정을 다뤘다. 상륙용 함정인 LST함과 쌍용호를 통해 부산에 도착한 난민들의 구조 과정, 한국 정부와 대한적십자사의 구호 활동, 그리고 난민들의 한국 사회 정착 및 제3국 재정착 과정을 상세히 기술했다. 이 과정에서 한국이 처음으로 대규모 외국인 난민을 수용하면서 겪은 혼란과 적응의 과정, 그리고 베트남 난민이 한국 사회에 미친 영향을 분석했다.

두 번째 파트인 "1977~1993년 한국 항구와 베트남 보트피플의 여정"에서는 1977년 이후 발생한 '2차 베트남 난민'의 유입과 정착 과정을 다뤘다. 베트남 난민보호소의 설립과 운영, 한국 선박들의 난민 구조 활동, 국제사회와의 협력, 그리고 난민 수용을 둘러싼 한국 사회의 갈등과 변화를 깊이 분석했다. 특히 1977년부터 1982년까지의 초기 보트피플 유입 시기와 1983년부터 1993년까지의 후기 보트피플 유입 시기를 구분하여 각 시기의 특징과 변화를 상세히 기술했다.

세 번째 파트인 "한국 문학의 거울에 비친 베트남 난민의 경험과 실존"에서는 베트남 난민을 소재로 한 한국 문학 작품들을 분석했다. 「사랑 그리고 이별」, 「처녀 아리랑」, 「빨간 아오자이」, 『시간의 門』, 「제3의 신」, 「보트피플」

등의 작품을 통해 베트남 난민이 한국 문학에서 어떻게 재현되었는지를 살펴봤다. 이 작품들은 베트남 난민의 정체성, 한국 사회와의 관계, 그리고 그들의 실존적 고민을 다양한 각도에서 조명했다. 특히 한국인 아버지와 베트남인 어머니 사이에서 태어난 2세의 정체성 문제, 난민들의 생존과 적응을 위한 노력, 그리고 이들을 바라보는 한국 사회의 시선 변화에 초점을 두었다.

이 책은 단순히 역사적 사실을 나열하는 데 그치지 않고, 베트남 난민 문제가 한국 사회에 미친 다층적인 영향을 포괄적으로 분석했다. 난민 수용 과정에서 드러난 한국 사회의 인도적 대응과 그 한계, 사회적, 문화적 갈등과 변화 그리고 국제사회와의 협력 양상을 심도 있게 고찰했다. 더불어 베트남 난민보호소와 난민 수용을 둘러싼 현실 세계뿐 아니라 문학이라는 가상의 세계에서 베트남 난민이 한국 사회의 일부가 되어 가고 우리의 관심과 의식을 확대하는 과정을 분석했다.

특히 이 책은 베트남 난민을 단순 피해자나 수동적인 존재가 아닌, 자신의 삶을 능동적으로 개척해 나가는 주체로 그려냈다. 난민들의 생존과 적응을 위한 노력, 한국 사회와의 상호작용을 통한 문화적 교류, 그리고 재이주지와 재정착지를 찾아 나서는 노력 등에도 초점을 두어 묘사했다. 이를 통해 난민 문제가 단순히 정책적 차원의 문제가 아닌, 개별 인간의 존엄성과 권리, 그리고 사회의 포용성과 다양성에 대한 근본적인 질문을 제기하고 있음을 보여주고자 했다.

이 책은 베트남 난민 사례를 통해 한국 현대사의 중요한 국면을 깊이 조명하며, 동시에 현재 한국 사회가 직면한 다문화화, 해상 난민과 국제적 책임, 인권 문제 등에 대한 성찰의 기회를 제공한다. 이는 단순한 역사적 기록을 넘어, 현재와 미래의 한국 사회가 나아갈 방향에 대한 중요한 통찰을 제시한다. 구체적으로 본 연구는 다음과 같은 측면에서 현대 한국 사회를 이해하는 데 중요한 함의를 지닌다.

1. 베트남 난민의 수용과 구제 과정은 한국 사회의 해상 난민 의식과 국제적 책임감의 성장을 반영한다. 이는 한국이 국제 사회의 일원으로서 인도적 책임을 어떻게 수행해 왔는지를 보여주는 중요한 사례이다.

2. 베트남 난민의 수용과 정착 과정은 한국 사회의 다문화적 전환의 초기 단계를 보여준다. 이는 현재 진행 중인 다문화 사회로의 이행을 이해하는 데 중

요한 역사적 맥락을 제공한다.

3. 이 책은 베트남 난민의 경험을 통해 난민들을 단순한 피해자가 아닌, 자신의 삶을 주체적으로 개척해 나가는 존재로 재조명함으로써, 현재 전 세계적으로 진행 중인 해상 난민 위기를 바라보는 우리의 시각을 더욱 풍부하게 만들었다.

4. 이 책은 문학이 역사적 사건을 어떻게 재현하고 해석하는지를 조명한다. 베트남 난민을 소재로 한 문학 작품들의 분석을 통해 역사와 문학의 관계, 그리고 문학이 가진 사회적 역할에 대해 성찰할 기회를 제공한다.

5. 해상 난민 문제가 단순히 인도적 차원을 넘어 국가 안보, 사회 통합, 문화적 다양성 등 복합적인 요소들이 얽힌 중요한 사회적 이슈임을 부각시킨다.

2024년의 끝자락,
아치연구실에서
저자 노영순

목차

책을 내며 _ 3

Part I. 새로운 이웃의 도착 / 11

1. 1975년 베트남 난민의 한국 입국 _ 17
2. 1975년 베트남 난민의 특징과 배경 _ 36
3. 베트남 난민이 한국 사회에 미친 영향 _ 50

Part II. 바다를 건너온 사람들 / 67

4. 베트남 난민보호소의 설립과 보트피플의 유입(1977~1982) _ 76
5. 난민 유입의 새로운 양상(1983~1993) _ 105

Part III. 문학의 렌즈로 본 베트남 난민 / 139

6. 문학에서 드러난 베트남 난민의 관계성과 정체성 _ 145
7. 해상 난민 구조와 구원의 문학적 증언 _ 163

맺음말 _ 193
참고문헌 _ 200

part 1 새로운 이웃의 도착

| LST 810함에 승선해 부산으로 들어오고 있는 베트남 난민 |
[출처 : 대한민국 해군, https://imgnews.pstatic.net/image/082/2021/08/21/
0001114490_002_20210826165208413.jpg?type=w860]

1970년대 후반과 1980년대, 베트남 난민 문제는 우리 사회가 다룬 주요 이슈 중 하나였다. 남베트남의 패망과 공산주의로부터의 탈출, 그리고 바다에서 떠도는 비참한 베트남 난민들에 대한 보도는 우리의 의식에 깊이 각인되었다. 특히, 베트남과 국교가 단절되었던 시기(1975~1992)에 한국에 들어온 2,962명의 베트남 난민 소식은 우리에게 익숙해졌다. 그러나 일반적으로 알려진 베트남 난민은 1977년 이후 중월 분쟁의 격화 과정에서 발생한 '보트피플(Boat People)'이 대부분이다. 이들에 대한 깊이 있는 이해는 부족한 실정이다. 이는 보트피플이 남긴 강렬한 인상 때문이기도 하지만, 주로 베트남 난민 문제에 대한 논의가 정부와 언론계의 전유물이 되어 1970-80년대의 정치적 맥락에 갇혀 있었기 때문이다. 반추할 기회도 적었다.

베트남 난민이 당시 언론의 지면을 크게 장식했음에도 불구하고, 깊고 폭넓은 이해와 탐구의 대상으로 주목받는 경우는 드물었다. 다만 한국에 정착한 베트남 난민들의 대한국관이나 적응에 관한 조사와 적십자사의 베트남 난민 수용 구호 사례가 예외적으로 주목받았다. 베트남 난민 문제를 인도주의적, 안보적 평가, 그리고 참상과 삶의 문제로 연결해 다룬 짧은 시론이나 논단 형태의 글이 존재했으나, 베트남 난민을 주제로 한 깊은 논의는 주로 한국 정부의 난민 지위 협약 가입 전후 일반적인 난민 문제나 북한 난민 대책, 그리고 UNHCR의 역할에 주목하면서 베트남 난민을 간략하게 사례로 언급하는 데 그쳤다. 이러한 기존 논의는 1975년 베트남 난민의 성격을 규명하려 하지 않았으며, 대부분의 경우 1975년 베트남 난민을 의식조차 하지 않았다는 점에서 과제가 많이 남아있다.

베트남 난민은 본질적으로 성격이 다른 두 집단으로 나눌 수 있다. 하나는 1975년에 발생한 난민이고, 다른 하나는 1977년 이후 발생한 보트피플이다. 1977년 이후의 보트피플은 2차 베트남 난민으로 불리며, 1975년 4월 30일 사이공 함락을 전후하여 발생한 피난민은 1차 베트남 난민으로 불린다. 여기에서는 후자를 1975년 베트남 난민으로 칭한다. 이하의 논의는 1975년 베트남 난민을 대상으로,

일반적인 오해와 기억의 혼동을 바로잡고 역시 이해의 공백을 메우는 데 의의가 있다.

1975년에 부산에 입항했던 베트남 난민의 성격을 규명하는 작업은 그 자체로 중요한 의미를 지닐 뿐만 아니라, 50여 년이 지난 오늘날에도 중요한 함의를 가진다.

1. 이는 단순한 인도적 구호를 넘어서 한국과 연고가 있는 이들을 해상 철수시킨 사례를 보여준다는 점이다. 이러한 난민 구조는 앞으로 있을 수도 있는 타국에서의 연고가 있는 난민 구제에 귀중한 경험이 될 것이다.

2. 1975년 베트남 난민의 상당수가 한국에 정착했다는 사실에서 비롯된다. 이들은 반공이나 사회 혼란과 같은 한국 사회의 특정한 정치적 맥락에서 활발히 상호작용했으며, 비록 당시에는 아무도 인식하지 못했지만 이들로 인해 한국은 다문화 사회로의 첫 발을 내디뎠다. 이 점에서 1975년 베트남 난민에 대한 이해는 한국 사회가 타민족과 다른 문화를 수용하게 되는 맥락과 양상을 이해하는 데에도 도움을 줄 것이다.

이 파트는 1,580명에 이르는 1975년 베트남 난민의 실상을 파악하기 위해 그간 이용되지 않았던 부산광역시 기록관 자료와 회고담에 더하여 신문자료를 적극적으로 활용했으며, 1975년 베트남 난민이 발생한 맥락을 이해하기 위해 2차 문헌을 폭넓게 이용했다. 이를 통해 중점적으로 설명하고 밝히려는 내용은 세 가지이다. 첫째, 부산에 입항한 1975년 베트남 난민이 구조된 경위, 정부의 정책과 구호 활동, 그리고 한국에서의 정착과 제3국으로의 이주의 흐름과 의미이다. 둘째, 이들 1975년 베트남 난민이 애초에 발생하게 된 배경에 중점을 두면서 LST함 난민과 쌍용호 난민의 성격을 규명하는 것이다. 여기에서 분석의 시공간은 1950년대로 거슬러 올라가며 베트남과 미국으로 확대된다. 마지막으로 이 파트에서 관심을 기울인 주제는 우리 사회가 1975년 베트남 난민을 '활용'했던 맥락과 방식, 그리고 이들을 바라보는 시선이다.

1. 1975년 베트남 난민의 한국 입국

1975년 베트남 난민은 1975년 5월 두 차례에 걸쳐 부산항에 입항한 이들로, 이들은 구조 선박의 명칭에 따라 LST (Landing Ship Tank)함 난민과 쌍용호 난민이라고 부를 수 있다.

LST함 난민은 한국 해군 상륙용 함정인 LST 810함(계봉함)와 LST 815함(북한함)에 탑승하여 1975년 4월 26일 사이공을 출발해 5월 13일 부산항에 도착한 최초의 베트남 난민으로, 총 1,364명이었다. 이들은 부산항에 하선하여 입국 절차를 밟고 구 부산여고 건물에 마련된 난민 임시구호본부에 거주하게 되었다. 1975년 '월남귀환교포 및 난민구호 계획'에 따르면 LST함 난민의 구성은 [표1]과 같다.

LST함 난민의 특징적인 점은 한국 국적자들이 난민에 포함되어 있다는 점으로, 이는 다음 두 가지 중요한 의미를 지닌다. 첫째, 한국 국적자가 난민으로 분류된 사실 자체가 LST함 난민의 독특한 특징을 보여준다. 둘째, 베트남에 거주하던 한국인 교민들이 본국으로 귀환했음에도 불구하고 구호와 정착 지원의 대상이 되어 실질적으로 베트남 난민으로 간주되었다는 점이다. 이는 당시 난민의 정의와 지위에 대한 복잡한 현실을 반영한다.

[표1] LST함 난민의 구성

구분		인원수	비고
독신자		54명	
내국인 및 가족		487명	국적 소지
한국인 유연고 베트남인(처 또는 2세)		460명	국적 미취득
순수 베트남인	입국 수속	116명	대사관 직원
	미수속	247명	고용인
	소계	363명	교직자 등
계		1,364명	

한편 쌍용호 난민은 다른 경로로 한국에 입국했다. 삼양 선박 소속 화물선 쌍용호가 216명의 난민을 구조해 1975년 5월 23일 부산항에 도착한 것이다. 쌍용호는 베트남 최남단 까마우 곶 해상(북위 8도 20분, 동경 104도 38분)을 지나던 중 기관 고장으로 표류하고 있던 베트남 해군 상륙정에서 난민을 구출했다. 이 사건은 5월 2일에 발생했다.

구조된 후 쌍용호는 난민 인도를 위해 미군 함정, 태국, 대만, 필리핀, 미 해군 기지, 국제 적십자사와 접촉하며 남중국해 해상을 열흘 동안 방황했다. 결국 5월 12일 한국 정부의 귀국 지시를 받고 부산으로 향했다. 난민들은 부산항 도착 즉시 난민 임시구호본부로 이송되었다.

　1975년 베트남 난민이 도착한 곳은 역설적이게도 파월 부대의 출항지였던 부산항이었다. 한때 백마, 청룡, 맹호 등 한국군 부대를 베트남으로 실어 날랐던 항구가 이제는

| 베트남 피난민과 교민들을 싣고 부산항에 도착한 LST 815함 |
[출처 : 한국보도사진연감 / 2015-04-28(한국일보)]

베트남 난민을 맞이하게 된 것이다. 난민들의 도착에 앞서, 부산에는 이미 난민 임시구호본부가 설치되어 있었다. 이는 부산이 난민 수용을 위한 전략적 선택지였음을 보여준다.

부산이 베트남 난민 수용지로 선정된 데에는 다음과 같

| 베트남 난민 입국을 다룬 1975년 5월 22일
한국일보 지면 |

은 주요 요인들이 있었다. 우선, 부산의 지리적 위치와 발달된 항만 시설은 난민 선박의 안전한 정박과 신속한 하역을 가능케 했다. 부산은 1970년대 후반 경제 성장기를 맞아 난민 수용에 필요한 기본 시설은 물론, 의료 지원과 생활 보조를 위한 인프라도 충분히 갖추고 있었다. 이는 건강검진, 예방접종 등의 검역 조치와 난민들의 신원 확인, 주거 및 식사 제공 등 종합적인 구호 활동을 효율적으로 수행할 수 있는 환경을 제공했다. 더불어 당시 부산에 위치한 미군 기지는 난민 지원 및 관리에 추가적인 이점을 제공했다.

이와 함께 부산의 선정은 역사적 배경과 도시의 특성 측면에서 타당성을 가졌다. 한국 유일의 외국인 수용 경험, 항구와 공항을 동시에 보유한 해항도시로서의 이점, 그리고 한국전쟁 당시 피난민을 수용했던 경험 등이 부산을 베트남 난민 수용의 최적지로 만들었다.

정부는 인도적 차원에서 베트남 난민을 수용했지만, 이들의 장기적 거취에 대한 계획은 불확실했다. 당시로서는 난민들의 최종 정착지가한국이 될지, 아니면 제3국이 될지 확실하지 않았다. 이러한 상황에서, 국내외 이동이 용이한 부산에 난민들을 수용한 것은 전략적으로 가장 적절한 선택이었다고 볼 수 있다.

| LST 810함을 타고 1975년 부산항에 도착한 베트남 난민 | [출처 : 중앙일보]

1975년 한국 정부는 '월남귀환교포 및 난민구호 계획'을 수립했다. 이 계획은 LST함으로 귀환한 이들을 대상으로 했으며, 난민을 동포애로 맞이하고 그들의 구호, 귀향, 정착을 통해 생활 안정을 도모하는 것을 목표로 삼았다. 특히 중요한 것은 이 계획이 초기 대상을 넘어 확대 적용되어, 쌍용호 난민은 물론 1977년부터 1989년까지 한국에 입국한 1,382명의 보트피플에 대한 구호 정책의 기본 틀로도 활용되었다는 것이다.

이 계획의 실행에 있어 세 가지 주요 특징이 두드러진다. 첫째, 난민 수용지로 부산이 선택되었다. 초기에 구 부산여고의 임시구호본부에 수용되었던 1975년 베트남 난민은 4개월 후 부산시 서구 괴정동의 외국인수용소로 옮겨졌다. 1977년 이후의 2차 베트남 난민들은 해운대구 재송동에 신축된 베트남(越南) 난민보호소에 수용되었다.

둘째, 체계적인 난민구호 지휘계통이 마련되었다. 보건사회부의 지휘 아래 부산시가 책임을 지고 대한적십자사가 실무를 대행하는 관민협력 구호방식을 채택했다. 부산시는 난민의 입출국, 보호, 시설 관리를 담당했고, 대한적십자사 부산지사는 난민들의 일상생활 관련 구호 활동을 전담했다. 구호 예산은 한국 정부가 전적으로 부담했는데, 이는 2차 베트남 난민 구호 때 UNHCR이 대부분의 구호 경비를 부담한 것과는 대조적이다.

마지막으로, 정부는 특별한 대민 홍보 전략을 채택했다. 이는 "공산침략의 희생자들을 인도적으로 수용하는 한편, 이 사태를 통해 국론을 통일하고 자주 국방력을 강화하는 계기로 삼는다"는 것이었다. 이를 통해 베트남 난민 문제는 인도적 차원을 넘어서, 국가 안보와 반공 의식을 강화하는 수단으로도 활용되었다.

이러한 일련의 과정은 한국의 난민 정책이 긴급 대응에

[표2] 구호 대상 1975년 베트남 난민

난민 구분	구호 구분	국적	명수	비고
LST함 난민	비구호 대상	한국인/베트 남인	23	대사관 직원과 가족
	구호 대상	한국인	319	
		한국 유연고자 베트남인	659	한국인의 베트남인 처, 자녀 및 친인척
		베트남인	329	순수 베트남 난민
		중국인	33	대만으로 출국
		필리핀인	1	필리핀으로 출국
쌍용호 난민	구호 대상	베트남인	216	순수 베트남 난민
1975년 베트남 난민 총계			1,580	
구호 대상자 총계			1,557	

서 체계적인 정책으로 발전해가는 과정이었으며, 당시의

정치적, 사회적 맥락 속에서 베트남 난민 문제가 어떻게 다루어졌는지를 잘 보여준다. 이러한 발전 과정은 한국 사회가 난민 수용과 지원 능력을 발전시켜 나가는 과정에서, 국내 정치와 국제 정세를 고려한 복합적인 접근을 취했음을 시사한다.

1975년 한국에 입국한 베트남 난민은 총 1,580명, 이 중 대사관 직원과 가족을 제외한 99%에 해당하는 1,557명이 정부의 구호 대상이 되었다. 이들에 대한 정책은 구호, 귀향, 정착이라는 세 단계로 구성되었다. [표2] 구호 대상자의 구성을 살펴보면, 한국인 319명(20%), 한국 유연고자 베트남인(한국인의 배우자, 자녀 및 인척) 659명(42%), 순수 베트남 난민 545명(36%)을 차지했다. 이는 당시 한국과 베트남 간의 밀접한 관계를 보여주는 지표였다.

구체적인 구호 절차는 세 단계로 나누어 체계적으로 실행되었다. 첫째, 모든 난민에게 입국 직후 15일간의 수용 구호를 제공했다. 이 기간 한국 내에 연고자가 있는 난민들은 정부로부터 여비를 받아 귀향할 수 있었으며, 필요한 경우에는 추가로 3개월간의 생계비 지원을 받았다. 둘째, 단계에서는 연고자가 없는 난민들을 대상으로 1개월간의 추가 수용 구호가 이루어졌다. 이는 이들이 한국 사회에 적응할 수 있는 시간을 제공하기 위함이었다. 셋째, 장기적인 구호가 필요한 난민들을 위해 개별 난민의 상황을 면밀히 심사한 후, 취업 알선, 주택 건립, 생계 지원 등 더욱 실질적이고 지속 가능한 도움을 제공했다.

특히 중요한 점은 '정착'의 개념이 국내 정착과 함께 제3국행 알선도 포함했다는 것이다. 제3국 재정착 알선 정책은 LST함으로 입국한 난민과 쌍용호를 통해 입국한 216명의 난민 모두에게 적용되었다.

[표3]에서 보듯이 총 1,562명의 난민 중 621명(약 39.8%)이 한국에 정착했으며, 941명(약 60.2%)이 제3국으로 재정착을 선택했다.

한국에 정착한 621명의 내역은, 89명은 귀향을 완료했

[표3] 1975년 베트남 난민의 정착(재정착) 현황(1975.12.18)

구분	인원수	비교	
한국 정착	621명	89명	귀환 동포	
		532명	415명-연고자	정부 지원
			117명-무연고자	
제3국 재정착(해외 이주)	941명		
총수	1,562명		

고, 532명은 정부의 지원을 받고 있었다. 정부 지원을 받은 이들 중 415명은 연고자와 함께 생활하고 있었으며, 117명은 무연고자로 분류되었다.

그러나 이 상황은 시간이 지나며 변화했다. 난민 임시구호본부가 폐쇄된 1975년 12월 27일을 기준으로 한 대한적십자사의 통계에 따르면, 한국에 정착한 난민 수는 585명(243세대)으로 감소했고, 제3국 재정착 난민 수는 977명(324세대)으로 증가했다. 이는 전체 난민 중 37%가 한국에 정착하고, 63%가 제3국으로 이주했음을 의미했다.

12월 18일과 27일의 두 통계를 비교해 보면, 9일 만에 36명의 난민이 한국을 떠난 것으로 나타난다. 이는 난민들이 처음에는 한국에 정착하는 경향을 보이다가, 시간이 지나면서 더 나은 기회를 찾아 제3국으로 이주하는 패턴을 보여준다.

이러한 변화는 난민들의 장기적인 정착 선호도와 한국 사회의 수용 능력, 그리고 제3국의 난민 정책 등 다양한 요인들이 복합적으로 작용한 결과였다. 이는 난민 정책이 단기적인 수용과 구호를 넘어 장기적인 정착 지원과 국제적 협력으로 발전해야 함을 보여주는 중요한 지표였다.

[표4] 1975년 베트남 난민의 국내 정착 현황(1975.12.27)

연고 / 정착지		서울	부산	경기	강원	충남	전남	경북	경남
연고 / 총수	585명 (1명 사망)	363	64	97	3	11	7	17	22
연고지 귀향	순수한국인	89명	53	4	28	-	1	2	-	1
	한국인세대주 동반	241명	168	17	39	3	5	1	3	5
	한국인세대주 비동반	203명	118	33	17	-	2	4	13	16
순수월남인	51명	24	10	13	-	3	-	1	-

1975년 12월 27일을 기준으로 한 베트남 난민의 국내 정
착 현황은 흥미로운 패턴을 보여주었다. 총 585명, 194세대
의 난민이 한국에 정착했는데, 이들 중 대다수인 91%(533
명)가 한국에 연고가 있는 사람들이었다. 이는 귀환 교민
89명, 한국인 세대주 동반 베트남인 241명, 그리고 한국인
세대주 비동반 베트남인 203명으로 구성되었다. 반면, 한국
에 연고가 없는 순수 베트남 난민은 전체의 8.7%에 불과한
51명(27세대)이었다.

정착 지역을 살펴보면, 난민들은 주로 대도시 지역에 집중되었다. 서울에 전체의 62%인 363명이 정착했으며, 경기도를 포함하면 비율은 79%(460명)에 달한다. 여기에 부산(64명, 11%)까지 포함하면, 대부분의 난민은 서울-경기권과 부산에 집중되어 있었다.

특히 주목할 만한 점은 부산과 경상도 지역의 정착 패턴이다. 이 지역들에서는 한국인 세대주 없이 정착한 난민과 무연고 베트남 난민의 비율이 상당히 높았다. 부산의 경우 한국인 세대주와 함께 정착한 비율의 2배 이상, 경북은 5배, 경남은 3배였다. 이러한 현상은 보호소 생활로 인한 연고 형성, 산업 시설의 집중으로 인한 취업 기회, 그리고 지역 사회의 적극적인 정착 지원 등 다양한 요인이 복합적으로 작용한 결과로 보인다. 이는 1975년 베트남 난민의 한국 정착 과정에서 연고의 중요성, 대도시 중심의 정착 패턴, 그리고 지역별 특성에 따른 정착 양상의 차이를 명확히 보여주고 있다.

[표5]에 따르면, 1975년 말 베트남 난민의 63%인 977명이 미국, 캐나다, 프랑스 등으로 재정착했다. 이는 당시 한국의 난민 정책과 물론 경제적, 사회적 상황의 영향이었으며, 난민들의 미래에 대한 기대를 반영했다.

[표5] 1975년 베트남 난민의 제3국 재정착(해외 이주) 현황(1975.12.27)

총계/율	미국	캐나다	프랑스	대만	홍콩	필리핀	호주	일본	서독
977명	697	167	53	45	4	1	5	4	1
100%	71%	17%	5.4%	4.6%	0.4%	0.1%	0.5%	0.4%	0.1%

1975년 베트남 난민의 제3국 재정착 현황은 난민들의 연고와 희망을 중심으로 진행되었다. 한국 정부는 UNHCR 및 관련국 대사관과 협력하여 난민들의 이주를 체계적으로 지원했다. [표5]에 따르면, 미국이 697명(71%)으로 가장 많은 난민을 수용했다. 미국 주한 대사관은 미국 시민권 소지자, 주월 미국 기관 근무자, 그리고 미국과 연고가 있는 자들을 우선적으로 고려했다. 이는 당시 한국에 입국한 베트남 난민의 절반 이상이 미국과 직간접적으로 연관되어 있었음을 보여준다.

베트남 난민 수용에 적극적이었던 캐나다는 167명(17%)을 수용하며, 두 번째로 많은 재정착국이 되었다. 프랑스는 53명(5.4%)을 받아들였으며, 이들 역시 프랑스에 연고가 있었을 것으로 보인다. 대만으로는 LST함을 타고 온 33

명의 중국인(화교)을 포함해 총 45명(4.6%)이 재정착했다. 그 외에도 홍콩, 필리핀, 호주, 일본, 서독 등이 소수의 난민들을 받아들였다.

[표6]은 1975년[말] 베트남 난민의 국적별 국내정착 및 해외이주 현황을 보여준다. 주목할 만한 점은 한국인도 국내 정착보다 해외 이주를 선택했다는 점이다. 한국인의 72%가 해외로 이주했으며, 한국인 연고 베트남인은 33%가 해외로 떠났다. 순수 베트남인의 경우 91%가 제3국으로 재정착했다.

이 통계는 난민과 귀환 동포의 정착 과정에서 다양하고 복잡한 요인들이 작용했음을 보여준다. 먼저, 한국에 연고가 있는 베트남 난민의 높은 정착률(67%)은 기존 사회적

[표6] 1975년 베트남 난민의 국적별 국내정착 및 해외이주 현황(1975년말)

구분	국내정착		제3국재정착		전체
한국인	89명	28%	230명	72%	319명
한국인 관련 베트남인	444명	67%	215명	33%	659명
순수 베트남인	51명	9%	528명	91%	579명
합계	584명	38%	973	62%	1557

연결망이 정착에 결정적인 역할을 한다는 점을 보여준다. 반면, 연고가 없는 난민들의 대다수가 제3국으로 이동한 사실은 사회적 네트워크의 부재가 정착을 저해하는 주요 요인임을 시사한다.

베트남에서 온 한국인의 높은 재이주율(72%)은 한국 사회 적응이 쉽지 않았음을 보여준다. 이는 난민뿐만 아니라 귀환 동포들도 재정착 과정에서 비슷한 어려움을 겪었음을 의미했다. 높은 해외 이주율은 당시 한국의 경제적 기회와 생활 여건이 기대에 미치지 못했음을 보여준다.

이러한 통계 결과는 난민과 귀환 동포의 정착 과정이 단순한 해결책으로는 해결될 수 없는 복잡한 문제임을 드러낸다. 성공적인 정착을 위해서는 사회적 관계망, 문화적 적응, 경제적 기회 등 다양한 요소를 고려한 종합적인 접근이 필요했고, 단순히 입국을 허용하는 것을 넘어서 장기적이고 지속적인 지원과 통합 노력이 필요하다는 것을 보여주었다.

1975년 말 기준으로 한국에 정착한 난민들 중 특히 주목할 만한 사례는 무연고자로 전국에 분산 정착된 75명이다. [표7]에 따르면 이들은 제주도를 제외한 전국 각지 10개 시도에 분산 정착했으며, 정부로부터 15평 연립주택 분양, 정착 기금 및 생계 보조비를 지원받았다. 특히 서울

[표7] 무연고 베트남 난민의 지역별 정착 상황(1975년말)

지역	서울	부산	경기	충남	경북	경남	전남	계
세대수	9	5	3	2	2	2	2	25
인원수	27	17	12	3	8	5	3	75

(36%)과 부산(23%)과 같은 대도시에 집중적으로 정착한 것이 특징이다.

　이러한 분산 정착 정책은 당시 여러 국가에서 시행된 일반적인 접근법이었다. 1975년 베트남 난민의 재정착 과정에는 난민 개개인의 배경과 연고관계, 제3국의 수용 정책, 그리고 한국의 정책적, 경제적, 사회적 여건이 복합적으로 작용했다.

　베트남 난민의 한국 정착과 제3국 재정착 과정은 수년에 걸쳐 복잡하고 역동적으로 전개되었다. 이 장의 마지막 부분에서는 1975년 이후 베트남 난민의 제3국으로의 재이주 양상과 한국 사회에서의 정착 과정을 조금 더 살펴볼 것이다. 이를 통해 당시 한국 사회의 난민 수용 능력과 한계, 그리고 법적, 제도적 기반의 부족과 사회적, 문화적 수용성의 문제가 어떻게 난민들의 장기 정착과 이주 결정에 어떤 영향을 미쳤는지 분석하고자 한다.

1976년 5월 보건사회부의 집계에 따르면, 베트남 난민의 국내 정착자는 485명(189세대)이었다. 이는 1975년 말 585명이 정착했던 것에 비해 100명이 감소한 수치로, 불과 5개월 만에 17%가 재이주했음을 보여준다. 이들은 미국, 프랑스, 중국, 호주, 이란 등 다양한 국가로 향했으며, 특히 노동 기회를 찾아 사우디아라비아, 이란, 호주 등으로 이동했다.

이러한 감소 추세는 지속되었으며, 김기태 교수의 1977~1978년 연구에 따르면 약 130세대 300여 명만이 한국에 남아 있었다. 1979년 4월 말 기준으로는 약 350명(105세대)이 서울, 부산 등지에 거주하고 있었으며, 한국인 남편을 찾아 소수가 추가로 입국하는 상황이었다.

1985년 베트남 난민 자치회의 자료는 더욱 상세한 정보를 제공한다. 1975년부터 1984년까지 10년간 한국에 입국하여 한국 국적을 취득했거나 무국적 국제난민으로 거주하고 있는 베트남인은 총 410명이었다. 그러나 이 중 법무부에 한국 거류 신고를 마친 베트남인은 182명에 불과했고, 116명(37가구)은 무국적 난민으로 적십자사의 구호를 받고 있었다.

난민들의 한국 정착을 방해한 주요 요인으로는 한국 사회의 난민 수용을 위한 정서적, 제도적 토대 부족이 있었다. 특히 한국 남성과 베트남인 배우자 및 자녀의 국적 문제가 큰 장애물로 작용했다. 287명의 베트남인 배우자가 국적 회복 절차나 혼인 신고를 통해 한국 국적을 취득했으나, 한국에 이미 가정이 있는 남성과 결혼한 베트남인 여성과 그 자녀들은 법적 지위를 얻기 어려웠다. 이들은 무국적자로 남을 수밖에 없었다.

또한 경제적 어려움, 문화적 차이로 인한 부적응, 언어 소통의 문제 등도 정착을 어렵게 만드는 요인으로 작용했다. 이러한 복합적인 문제들로 인해 많은 난민들이 한국을 떠나거나, 한국 사회의 주변부에 머물게 되었다.

2. 1975년 베트남 난민의 특징과 배경

1975년 부산에 도착한 베트남 난민들은 다음과 같은 여섯 가지 주요 특징을 지니고 있었다.

첫째, LST함 난민의 가장 두드러진 특징은 해외교포의 해상 철수와 한국 관련 연고가 있는 베트남인 구조였다. 이들의 철수는 1975년 3월 15일부터 시작되어 4월 초순까지 대부분의 한국 기업체 직원, 공무원, 일부 교민들이 철수를 완료했다.

베트남 내 한국 교민 수는 시간의 흐름에 따라 크게 변동했다. 베트남전 참전이 절정에 달했던 1968년에는 15,571명을 기록했으나, 1973년 1월 베트남 평화협정 체결 이후 한국군이 철수한 같은 해 6월에는 1,882명으로 급감했다. 이후 사이공 함락이 임박한 1975년 4월 말, 주베트남 한국대사관은 철수를 위한 일제 등록을 실시했다.

대사관의 집계에 따르면 당시 교민 수는 902명(504세대)이었다. LST함 파견 소식을 접한 대사관은 교민들에게 귀국을 강력히 권유했다. "최후의 교민 수송편은 LST함 밖에 없다"는 설득으로 4월 26일 승선을 독려했고, 결과적으로 등록된 교민 중 537명이 LST함에 탑승했다.

이러한 철수 과정은 급변하는 국제 정세 속에서 한국

정부가 보여준 재외국민 보호 노력과, 교민들이 겪었던 불안과 긴박함을 잘 보여준다. 특히 한국과 연고가 있는 베트남인들까지 구조 대상에 포함시킨 것은 인도주의적 접근과 함께 한국의 국제적 책임의식을 반영한 것이었다.

LST 815함과 810함을 통해 부산항에 도착한 베트남 난민들의 구성은 매우 다양했으며, 이는 당시의 복잡한 상황을 잘 반영한다. LST 815함에는 한국인(A그룹)과 한국인과 관련 있는 베트남인(B그룹)이, LST 810함에는 순수 베트남 난민(C그룹)이 승선했다.

구체적으로 살펴보면, 순수 한국인은 전체 구호대상자 1,341명 중 319명으로 24%를 차지했다. 이들이 베트남인 친인척까지 포함하면 그 수는 978명으로 늘어나, LST함 난민의 73%에 달했다. 순수 베트남인은 329명으로 25%를 차지했으며, 이들 대부분은 전 남베트남 주재 한국대사관과 직간접적인 관계가 있는 이들과 그 가족들이었다. 이는 전 남베트남 교민회장 전영상의 회고에서도 확인된다.

"우리 배를 탄 순수 월남인들은… 우리 대사관이나 한국인과 인연이 많은 사람들이라…" 한편 1975년 4월 말까지 철수하지 못한 교민 130~150명(공관원 8명 포함)은 1976년부터 1981년 사이에 단계적으로 송환되었다.

이러한 맥락에서, 1975년 베트남 난민은 전통적인 의미의 피난민과 본질적으로 다르지 않았다. 이들은 전쟁이나 재난으로 인해 거주지를 떠나야 했다는 점에서는 동일했으나, 국경을 넘어 바다를 건너 부산에 온 국외 피난민이라는 특수성을 지녔다. 그들이 겪은 절박함은 국내 피난민과 비교해도 결코 덜하지 않았다.

또한 이들의 상황은 당시의 정치적, 안보적 맥락에서 이해할 필요가 있다. 한국은 10여 년간 남베트남을 지원하며 베트남전쟁에 참전했고, 반공을 국시로 삼고 있었다. 이러한 배경에서 1975년 사이공 함락 이후 한국 국적자나 연고자들이 북베트남이 주도하는 새로운 정권 하에서 안전을 보장받기는 어려웠다. 한국 정부가 곤경에 빠진 교민과 연고자를 구조한 것은 베트남전쟁 참여에 따른 책임을 지는 당연한 조치였다.

이로 인해 LST함 난민은 구조뿐만 아니라 정착에서도 정부의 특별한 지원을 받았다. 이들은 한국에서의 정착을 위한 적극적인 지원을 받은 대상이라는 점에서 1975년 쌍용호 난민과도, 1977년 이후의 2차 베트남 난민과도 본질적으로 달랐다.

LST함 난민의 두 번째 중요한 특징은 한국 정부가 주도한 적극적인 구조 작전이었다. 이는 '십자성 작전'이라는 이름으로 진행되었으며, 1973년 주베트남 사령부 철수 이후 최대 규모의 민간인 구출 작전이었다.

1975년 4월 초, 한국 정부는 베트남의 전시 난민을 후방으로 긴급 후송하기 위해 수송함 LST 810함과 LST 815함 두 척을 파견하기로 결정했다. 이 함선들은 4월 5일과 6일에 부산항을 출발하여 21일에 사이공(현재의 호치민 시)에서 남동쪽으로 125km 떨어져 있는 붕따우(Vũng Tàu)에 도착했다. 이후 난민을 태우고 26일 사이공을 출항하기 전, 410만 달러 상당의 의약품과 구호품을 뉴포트항에 하역했다.

이 작전은 표면적으로는 인도주의적 구호 목적을 띠고 있었지만, 실제로는 교민과 베트남 난민 수송의 기회를 모색하기 위한 전략적 접근이었다. 이는 1973년 베트남 평화협정 당시 한국이 제공했던 단순한 물자 지원과는 성격이 달랐다.

권상호 대령의 증언에 따르면, 십자성 작전의 목적은 세 가지였다. 첫째, 인도적 차원에서 위기에 처한 남베트남에 구호물자 전달하는 것이었다. 둘째, 베트남 난민 수송 작전을 지원하는 것이었으며, 셋째, 긴급 상황 발생 시 베트남 내 한국 교민을 철수시키는 것이었다. 초기 계획은 다낭(Đà Nẵng)에서 베트남 피난민을 지원하는 것이었으나, 항해 중 다낭이 함락되면서 계획이 변경되었다. 이후 사태가 급박하게 전개되자 한국 교민의 철수가 최우선 과제가 되었다.

십자성 작전은 한국 정부의 신속한 대응 능력과 함께, 당시의 복잡한 국제 정세 속에서 한국이 취한 전략적 입장을 잘 보여준다. 또한 인도주의적 지원과 자국민 보호라는 두 가지 목표를 동시에 추구했다는 점에서 한국의 대외정책이 지닌 복합적 성격을 반영하고 있다.

1975년 베트남 난민 구조는 당시 남베트남의 요청에 응하는 형태로 이루어졌다. 이 구조 작전의 배경에는 1974년 12월 중순 시작된 북베트남과 남베트남 민족해방전선의 봄 공세(Spring Offensive, Chiến dịch Mùa Xuân 1975)가 있었다. 당시 북베트남의 강력한 공세에 직면한 남베트남 정부는 경제적 요지이자 인구 밀집 지역인 해항 도시를 지키기 위해 중부 내륙 고원 지대를 포기하는 전략을 선택했다. 그러나 이 전략은 실패로 돌아갔으며, 3월 25일 중부의 주요 해항 도시인 후에(Huế)와 다낭이 함락되었다.

이런 위기 상황에서 남베트남 정부는 1975년 3월 국제사회에 피난민 지원을 요청했다. 남베트남은 UN에 수백만 피난민 구조를 위한 도움을 요청하고 북베트남에 휴전을 호소했으며, 특히 미국을 비롯한 우방국들에 난민 후송을 위한 구체적인 지원을 요청했던 것이다. 이에 응답하여 미국과 한국을 포함한 우방국들은 LST함을 파견해 자국민과 '위험에 처한' 베트남 피난민들을 다낭에서 남부로 이동시키기 시작했다.

난민들의 이동은 매우 복잡한 양상을 띠었다. 3월 초 쁠레이꾸(Pleiku), 꼰뚬(Kon Tum), 부온 마 투옷(Buôn Ma Thuột) 등 중부 내륙 고원 지대에서 시작된 난민의 흐름은 중부 해항 도시인 다낭으로 이어졌으며, 이후 다시 냐짱(Nha Trang)과 깜라인(Cam Ranh)으로 이동해야 했다. 4월 1일 냐짱과 깜라인마저 포기되자, 피난민들은 마지막 보루인 사이공과 푸꾸옥(Phú Quốc)섬으로 향했다. 여기에서 피난민의 국내 이동은 일단락되었으나 결국 많은 이들에게 사이공이나 푸꾸옥을 경유한 국외 탈출이 유일한 희망의 길로 남았다.

이 과정에서 난민들의 성격도 변화했다. 처음에는 국내 피난민이었던 이들 중 상당수가 결국 국외 난민이 되었으며, 일부는 해상에서 피난처를 찾는 보트피플로 변모하여 새로운 국면의 난민 문제를 야기했다. 이처럼 1975년 베트남 난민 구조 작전은 남베트남 정부의 요청으로 시작되어, 이렇듯 복잡한 국제 정세와 군사적 상황 속에서 전개되었다.

넷째, 1975년 베트남 난민 구조는 미국의 주도 하에 이루어진 국제 공조 형태로 진행되었다. 미국은 대규모 베트남 피난민 수송 작전을 수행하면서 다른 국가들의 동참을 촉구했으며, 이를 위해 약 140-150만 명에 달하는 다낭 집결 난민들을 위해 LST함과 보잉 727기를 동원했다.

한국 정부는 3월 말, 미국 및 일본과의 베트남 사태 관련 정보 교환 과정에서 인도주의적 견지에서 난민 구호에 동참하기로 결정했다. 미국은 이러한 국제적 협력을 베트남전쟁 당시 연대의 연장선상에서 강조했다. 이에 한국, 필리핀, 태국, 대만, 네덜란드, 미국이 상륙함 파견과 구호 물자 제공에 참여했다. 이 중 네덜란드를 제외한 모든 참여국이 베트남전쟁 참전국이었다는 점이 주목된다.

구체적인 구호 활동으로, 미국, 한국, 필리핀이 파견한 LST함과 미 해군 상륙 전단은 북베트남군의 진격에 앞서 남하하며 해안의 난민들을 구조했다. 한국의 참여에 대해서는 서로 상이한 기록이 존재한다. '십자성 작전' 참여 함장의 증언은 사이공에서만의 난민 철수를 언급하지만, 다른 기록에 따르면 한국 LST는 4월 1일 냐짱에서 첫 난민 수송 작전에 참가했다. 미국 관리의 증언에 의하면, 한국군 LST는 냐짱 미 영사관 베트남인 직원과 그 가족, 그리고 다른 난민들을 태우고 사이공에 도착했다.

이러한 대규모 난민 소개 작전이 북베트남의 공격 직전

에 가능했던 이유는 미국이 이를 순수한 인도주의적 작전으로 규정했기 때문이다. 북베트남 또한 역시 미국과의 직접적 충돌을 피하고자 이러한 소개 작업을 일정 정도 묵인하고 시간적 여유를 제공했다. 이는 당시의 복잡한 국제 정세와 각국의 이해관계가 반영된 결과였다.

1975년 베트남 난민의 다섯 번째 특징은 준비된 난민이라는 점이다. 이는 베트남의 장기적인 전쟁 역사와 밀접하게 연관되어 있다. 베트남에서 난민은 사이공이 점령되어 남베트남이 패망하는 1975년 4월 30일보다 훨씬 앞서 발생했다. 베트남의 전쟁 역사는 곧 난민의 역사라고 할 수 있다.

베트남에서는 1945년 이래 30여 년간 지속된 전쟁 기간 내내 끊임없이 난민이 발생했다. 이는 프랑스와 미국을 상대로 한 탈식민화 과정과 이념과 영토의 분할이 함께 작용한 결과였다. 1954년부터 1973년까지 남베트남 인구의 절반인 1,000만 명이 전쟁으로 인해 살던 곳을 떠나야 했다.

사이공의 인구는 피난민 유입으로 100만 명에서 300만 명으로 급증했다. 약 200만 명의 피난민이 곳곳에 존재했으며, 이들 중 절반은 임시로 타지에 머무는 진정한 피난민이었다. 나머지 절반은 안정된 다른 지역에 재정착하거나 고향으로 돌아갔으나, 전황에 따라 이들이 다시 난민이 되는 것은 시간문제였다.

베트남전쟁은 국제적인 냉전의 장에서 일정한 이념, 종교, 민족에 속한 집단을 삶의 터전에서 내몰았다. 1954년 제네바 협정으로 군사분계선이 그어지자 남쪽으로 이동한 사람들, 주로 북베트남에 반대하는 반공산주의자나 문화적으로 이질적인 가톨릭교도들이 이에 해당했다. 이후 미국 주도의 베트남전쟁으로 인해 남베트남 정권 담당자들과 미국 등 우방국을 위해 일했던 이들이 잠재적인 '준비된 난민'의 대열에 더해졌다. 북베트남의 승리가 예견되자, 이들은 남쪽으로의 이주(越南)가 아닌 바다를 건너는 탈출(越洋)을 선택해야 했다.

1975년 3월과 4월 북베트남군이 진군하기 직전에 발생한 대량 난민의 원인과 특징을 연구한 레 티 꾸에 등의 연구에 따르면, 인터뷰 대상자의 절반이 넘는 이가 가톨릭교도였다(가톨릭교도는 전체 남베트남 인구의 약 20%). 또한 난민의 40% 이상의 난민이 원래 북베트남 출신이었다(원래 월남한 북베트남인은 남베트남 인구의 10%). 1975년에 발생한 나머지 절반가량의 난민은 제네바 협정 이후 20여 년간 남베트남 정권에서 일했던 사람들과 냉전 구조 속에서 미국 등 우방국을 위해 일했던 사람들이었다.

레 티 꾸에 등의 연구를 추가로 살펴보면, 피난 이유를 두려움이라고 답한 이는 72%였다. 연구자들은 반공산주의 성향, 군인, 공무원을 비롯하여 남베트남 정부에 소속되었던 이력, 남베트남과 미국의 공산주의자들에 대한 보복 선전이 강력한 피난의 동기가 되었다고 결론지었다. 공산주의에 대한 두려움과 증오를 분명히 드러낸 이들은 대부분 1954년 월남한 이들이며, 종교적으로는 가톨릭교도였다.

'준비된 난민'의 규모는 다양하게 추산된다. 가장 적게는 1954년 제네바 협정 이후 월남한 인구를 8-90만 명으로 잡을 수 있다. 중간 정도로는 앞서 언급한 다낭에 집결해 있던 140-200만 피난민을 고려할 수 있고, 가장 많게는 군인, 경찰, 준군사부대, 자위대, 공무원, 교사 등을 포함한 남베트남의 정부 관계자 250만 명(당시 총인구 약 1,900만 명)을 들 수 있다.

사이공 함락 전, 미국의 한 당국자는 직접 미국으로의 수송을 포함해 미국이 책임져야 할 베트남 피난민을 110만 명으로 추산했다. 이는 미국에 고용된 베트남인 17,600명, 베트남전쟁 시기 미국을 위해 일했던 베트남인 93,000명과 그 가족(가구당 평균 10인)을 고려한 수치였다. 1975년 베트남 난민은 베트남전쟁의 연속선상에 위치한다. 베트남의 내전에 개입한 국가들은 자국을 위해 봉사했거나 연고를 가진 베트남인을 북베트남의 진군에 앞서 피신시키는 것이 1975년 베트남 난민 구조의 핵심이었다.

미국 대통령과 국제개발청(USAID) 당국자도 미국의 남베트남에 대한 지원과 미군의 '현존'이 난민을 만들어냈음을 인정했다. 그러나 이들은 미국의 개입으로 인해 빚어진 난민을 모두 피신시킬 수 없다는 사실과 미국의 피난민 개입이 난민 흐름을 영속화할 수 있다는 사실을 깨닫는 데 시간이 걸렸다. 사이공 함락 이전 3월과 4월에 13만 베트남인이 미국으로 향했는데, 절반은 자력으로, 절반은 미국이 수송함에 태워 데려갔다. 하지만 수천 명의 정보요원, 공산주의자 체포·사살 임무를 띤 3만 CIA 훈련요원(Phoenix Program)은 남겨졌다.

한국을 포함한 남베트남 우방국들에 의해 사이공 함락 직전까지 구조되어 해외로 나간 베트남 난민을 최대 14만 명으로 추산한다고 해도, 이는 다낭에 집결했던 난민 140만 명의 10%에 불과하며, 미국이 책임져야 한다고 생각한 110만 명의 13%에도 미치지 못했다. 베트남 영토 내에서 구조되지 못한 이들은 공해상으로 나가 구조의 기회를 기다려야 하는 상황에 처했다.

마지막으로 1975년 베트남 난민의 또 다른 특징은 남베트남의 우방국이 적극적으로 구출하여 자국으로 데려간 난민만 있었던 것은 아니었다는 점이다. 이를 대표적으로 보여주는 예가 쌍용호 난민 사건이었다. 쌍용호 난민은 국가 정부의 적극적인 구조를 받지 못했다는 점에서 LST함 난민과는 달랐다. 이들은 미국의 난민 철수 작전이 일단락된 후 오갈 데 없이 남겨진 사람들이었다. 이들은 아무런 대책이나 보장 없이 남중국해로 나와 인도주의 손길만을 기다려야 했다는 점에서 이후 20여 년 동안 발생한 보트피플(Boat People)과 많은 점을 공유한다. 즉, 쌍용호 난민은 1975년 베트남 난민의 특징을 드러내면서도 제2차 베트남 난민의 주요 특징을 가지고 있었다.

쌍용호 사건을 통해 처음으로 '초대받지 않은' 베트남 난민을 다루어야 했던 한국 정부는 미국처럼 난민 문제의 당사국도 아니었고, 동남아시아 국가들처럼 베트남의 인접국도 아니었다. 또한 UN이나 국제 적십자사처럼 난민 문제에 인류애적 책임을 질 우선적인 입장도 아니라고 판단했다. 그러나 미국은 난민 인수에 소극적이었고, 태국, 대만, 필리핀도 쌍용호의 입항을 거절했다.

보트피플의 구조 의무는 해상법의 오래된 기본적인 원칙 중 하나이다. UNHCR과 IMO는 선박 기국가와 소유주에게 상선의 선장이 해상에서 조난당한 이들을 구제할 국제 관례상 의무를 준수하라고 계속 촉구했다. 그러나 인도주의에 기반한 이러한 국제 관례는 기국가의 안보적인 우

| 부산항. 베트남 난민을 실은 쌍용호의 부산항 입항 |

려와 선박 소유주의 상업적인 이유로 무시되거나 거부되는 경우가 잦았다.

　쌍용호의 경우 해상에서 인권을 지키고, 구조한 난민을 다음 기항지에 내려주는 해양 관행을 따르려고 했으나, 이를 허락하는 항구는 없었다. 이러한 상황에서 한국 정부는 역사적 경험과 정서적 책임감, 미국과의 교감 등을 고려하여 쌍용호 난민을 부산에 받아들였다.

5월 23일 부산에 입항한 216명의 베트남 난민은 대부분 남베트남 정권의 군인과 그 가족이었다. 이들은 133명의 군인과 그들의 가족인 83명의 민간인으로 구성된 19가구로, 남성이 81%(175명)로 대다수를 차지했고, 20-30대가 72%(155명)를 차지했다.

남베트남 군인이라는 특수성으로 인해 이들은 민간인과 별도로 분리 수용되었으며, 일부는 안보교육에 투입되기도 했다. 이들은 한국에 연고가 없었으며, 정착 범주에도 들지 않았고, 제3국에 재정착할 때까지 임시로 부산에 머물렀다. 이러한 점에서 이들은 한국에 들어온 최초의 보트피플이라고 볼 수 있다.

3. 베트남 난민이 한국 사회에 미친 영향

1975년 베트남 난민의 유입이 한국 사회에 미친 영향은 언뜻 단순해 보일 수 있다. 베트남의 사례를 통한 교훈은 이미 한국 사회가 경험한 것이기 때문이다. 베트남 난민이 일깨워주지 않았더라도 국가 방어와 반공 안보의 중요성은 대한민국 정부 수립 이후, 특히 한국전쟁을 겪으면서 이미 최고의 가치로 자리 잡고 있었다.

그러나 1975년 베트남 난민의 실제 한국 사회 정착은 예상치 못한 많은 변화를 가져왔다. 우리 안에 들어온 베트남 난민과의 직간접적인 상호작용이 계속되었기 때문이다. 이러한 변화 가운데 어떤 요소는 강화되고 재해석되기도 했으며, 새로운 요소도 등장했다. 대표적인 변화로는 안보 주권을 향한 행보를 들 수 있다. 이는 미국에 대한 강한 비판과 의구심 표명으로 시작되었으며, 사회주의권이 약화되고 북한에 대한 우위에 자신감이 생기고 민주주의에 대한 열망이 강해진 1980년대에는 국내 질서 확보라는 맥락에서 재해석되었다.

가장 중요한 새로운 변화는 역사상 처음으로 이민족 난민을 사회 구성원으로 수용한 경험이었다. 사실상 한국은 베트남 난민의 정착으로 인해 다문화 사회로의 첫발을 내

딛었다.

사이공이 위급한 상황에서 미국이 우방을 무책임하게 포기했다는 비판이 국내외에서 빗발쳤다. 베트남 난민에 대한 미국의 열정은 베트남전쟁 패배로 발생한 심리적 공백을 메우고 이러한 국내외적 냉담함이나 비판을 상쇄하기 위한 작업이기도 했다. 그러나 이는 한국의 비판을 비켜가지 못했다. 한국이 베트남 난민을 보면서 얻은 교훈은, 미국이 인도차이나반도에서 책임을 방기하는 모습을 보며 한반도에서도 같은 일이 일어날 수 있다는 우려였다. "월남전의 유일한 교훈은 미국을 동맹으로 믿지 말라는 것"이라는 영국 게릴라 전문가 로버트 톰슨의 주장과 함께, 냉혹한 국제질서와 자주국방에 대한 이야기가 이 시기에 많이 언급되었다.

'무정한' 미국에 대한 비판이나 "이념이 아니라 국익을 찾아 변전하는 70년대 국제정치의 현실에서 자주국방력 강화와 안보태세 확립이 필요하다"는 교훈은 남베트남 패망 직후에 나타났다. 특히 베트남 난민의 존재는 망국민의 설움과 냉혹한 국제 현실을 실감하게 하는 증거였다. 미국의 베트남 난민 정책에 대한 비판은 특히 신랄했다. 베트남전쟁에 1,500억 달러를 쏟아부었던 미국 의회가 난민 정착비로 승인 요청한 3억 2천만 달러마저 부결시킨 점, 제2

차 세계대전 이후 75만 명의 난민을 수용했던 미국이 고작 5만여 명의 베트남 난민을 외면한 것은 인도적인 차원에서 도저히 용납할 수 없다는 비판이 제기되었다. 더욱이 미국이 대외정책의 시험대로 개입한 베트남전쟁의 희생자들을 그렇게 취급했다는 보도는 모두 베트남전쟁과 베트남 난민 문제를 연결시키고 그에 대한 책임을 미국으로 돌리고 있었다.

미국에 대한 비판과 함께 냉혹한 국제정세에 대한 자각, 그리고 자유·민주·인도를 실현하는 주체로서의 한국이라는 이미지는 쌍용호 난민 사태를 통해 더욱 강화되었다. 쌍용호 난민에게 보여준 특히 미국의 '비정'은 언론에서 집중적으로 부각되었다. "베트남 난민들은 지상천국으로만 알았던 그곳에서 인종적 차별과 인간 이하의 대우를 받아가며… 미국 상원의원 조지 맥거번은 '베트남인들을 사이공으로 돌려 보내라'고 하고… 난민을 받아들이는 문제를 결정하기 위해 국민투표를 실시하자는 주장…"이 언론의 보도 기조를 주도했다. 이에 반해 "우리 정부가 세계가 외면하는 베트남 난민 문제를 소신 있게 받아들여 처리하는 용단을 내린 데 대해 깊은 감명을 금할 수 없다"는 대비는 자주 등장했다.

또 다른 예를 들어 본다면, "말로만 떠드는 민주국가가 아니고 실제로 자유를 사랑하고 인간을 아끼는 국가로 증명된 한국, 우리가 이 땅에 와서 정착하게 된 것은 큰 다행이 아닐 수 없습니다. 더욱이 공산 침략이 격화했을 때 한국은 월남에 국군을 보내 우리들의 자유와 민주를 지키기 위해 귀중한 목숨을 바치기까지 했으니…"라는 베트남 난민 응우옌 티 탄의 말을 인용해 한국을 참된 자유와 민주주의의 수호국으로 자리매김했다.

남베트남의 공산화는 미국의 성급한 휴전 협정과 철군으로 빚어진 것이라는 의구심은 쌍용호 난민 사건을 계기로 미국의 냉혹함과 타산적인 태도를 공격하는 모양새는 더욱 굳어갔다. 1975년 베트남 난민은 단순히 미국에 대한 태도만을 바꿔놓은 것이 아니었다. 베트남 난민은 우리 사회에 안보주권을 최우선 가치로 위치시켰다.

1975년 4월 남베트남 패망의 배경과 원인 및 국제 정세의 흐름을 살피면서, 자국의 안보는 자국의 힘으로 유지되어야 한다는 국민적 열망을 표현한다며, 안보 궐기대회가 연일 조직되었다. 마침내 전국에서 잇따라 일어난 '국가총력안보 국민궐기대회'의 결의를 구현하기 위해 30개 주요 사회단체장들이 모여 '총력안보발기대회'를 개최하고, 1975년 5월 8일 총력안보중앙협의회를 발족시켰다. 이 협의회의 목적은 "국가의 안전보장을 뒷받침하는 국민총화와 국

론통일을 기하기 위한 범국민운동을 전개함으로써 총력안보 체제를 확립"하는 데 있었다. 이를 이어 1975년 7월에는 민방위기본법도 제정되었다.

남베트남 패망과 베트남 난민의 교훈을 자주국방, 안보, 방위에서 끌어내자 자연스럽게 1975년 베트남 난민은 산 증인으로서 활용되었다. 이들은 직접 궐기대회나 반공시위에 동원되었다. 1977년 7월 전국 61개 여성단체 총력안보 궐기대회에서 베트남 난민 쩐 티 마이 란은 "새삼 나라 잃은 슬픔과 헤어진 부모 형제 생각에 통곡하고 싶다"며 "전쟁은 어떻게 해서든 이겨야 하며 백기를 든 국민에게 설 땅이 없다는 것을 명심하고 대한민국을 지키기 위해 온 힘을 기울이자"고 호소했다. 1983년 9월, 전국이 소련의 KAL기 격추에 대해 궐기대회를 여는 분위기에서 베트남 난민 수십 명도 분향을 한 후 '타도 소련 짐승들'이 적힌 판을 들고 김포공항 앞에서 시위를 벌었다.

또한 1975년 베트남 난민은 바로 안보 교육에도 투입되었다. 쌍용호에 의해 구조된 남베트남 군 장교들은 문교부가 주관한 전국 중·고·대학생 대상 안보 교육에 참가했다. 이들은 학교를 순회하면서 남베트남의 패망 원인을 설명하고 우리나라 젊은 학생들의 안보의식을 높이도록 호소했다. 이는 1980년대 중반까지도 계속되었다. 법무부는 교

｜베트남전에 참전했던 한국인과 베트남인 사이에서 태어난 혼혈인 즉, 라이따이한을 소재로 한 연극('퀴논 그리고 청주' 공연 장면. 시민극장 제공)｜ [출처 : 충청투데이(https://www. cctoday. co.kr)]

내외 시위 및 점거 농성 등과 관련되어 구속된 학생들의 의식을 교정하기 위해 '순화교관단'을 구성했는데, 베트남 난민들도 이에 참가해 학생 선도 교육을 담당했다. 국방부 정훈국에서는 1985년 당시 베트남 난민보호소에 있던 베트남 난민 33인의 수기를 모아 『나라 잃은 사람들』이란 제목의 책으로 1986년 6월 출판하여 국방부 정신교육 참고 교재로 활용했다.

베트남 난민 사태로 강화된 안보와 질서에 대한 인식과 정부 차원에서의 베트남 난민 동원이라는 차원을 넘어, 개별 베트남 난민이 우리의 시선 속에 비친 방식과 이들이 우리 사회에 미친 영향도 언급할 가치가 있다. 특히 베트남 난민의 삶을 다룰 때 언론의 시선이 지속적으로 따라다닌 대상은 베트남 여성이었다.

베트남 난민 여성이 자주 다루어진 데에는 여러 이유가 있다. 첫째, 한국에 정착한 난민의 대부분이 여성과 어린이, 청소년층이었기 때문이다. 둘째, 이들은 한국인과의 합법적 또는 비합법적 결혼 관계를 맺고 있었다. 셋째, 조국 상실의 아픔과 일상의 고단함을 대변하는 존재로 여겨졌기 때문이다.

일부 베트남 난민 여성들은 한국에 정착하면서 한국인 남편과 가정을 이루었으나, 대략 80%의 여성들은 베트남에서 결혼했지만 한국 남편에게 다른 가족이 있어 법적 지위나 안정된 가정생활을 보장받지 못하는 딱한 사정에 처해 있었다.

베트남 난민 관련 보도에서 남성이 신문 지면에 등장하는 경우는 드문데, 대부분 베트남 난민으로서의 서글픈 생활과 이들을 향한 도움의 손길을 강조할 때이다. 예를 들어, 1962년 미국의 건설회사 기술자로 베트남에 파견되어, 이후 현지에 정착하여 살다가 1975년 4월 부산항에 도착했던 박종수 씨의 사례와, 1942년 남방으로 진격한 일본군을 따라 군수품 납품업을 하러 베트남에 가서 살았던 이의 아들로 1975년에 귀국한 김길수 씨의 경우가 그 예이다.

정착한 베트남 난민 여성들의 이야기는 대개 사이공 함락 당시의 혼란과 조국 상실의 아픔으로 시작되었지만, 주된 관심사는 대상과 시기에 따라 달라졌다. 주목할 만한 베트남 난민은 한국인 남편과 함께 생활하며 안정된 직장을 얻어 한국에서 정착한 이들이다.

대표적으로, 1967년 베트남 파견 중장비 기술자로 사이공에서 근무하던 한국 남자와 결혼해 1975년 한국 해군 함정을 타고 사이공을 떠나 부산의 베트남 난민보호소에 있다가 남편의 고향인 울산에 정착한 구온젠구이트 콰이(한국명 양월계)가 있다. 그녀는 남편의 실직 후 날품팔이와 행상을 하다 현대자동차 공장의 기능공이 되었다. 이러한 사례들이 보도될 때는 한국인의 도움과 난민들의 강한 생존의지가 함께 강조되었다.

조국을 잃은 슬픔을 안은 채 한국에서 음식점을 개업한 베트남 여성들의 이야기도 자주 다루어졌다. 서울에 문을 연「나트랑」의 주인이자 베트남 난민회 회장인 레 티 퐁 뉴,「한일」이라는 식당을 낸 고 티 투흥의 이야기가 대표적이다. 레 티 퐁뉴는 주베트남 한국군사령부에서 7년 동안 여성 통역관으로 일하며 한국군에게 잘 알려진 인물이었다. 사이공 함락 당시 주베트남한국대사관 직원 식당 주인이었던 고 티 투흥은 한국군 LST로 부산항에 도착, 1975년 5월 13일 서울로 왔다. 베트남에서 알게 된 진 씨의 도움으로「사이공」식당에서 직원으로 일했으며 이후 자신의 식당을 개업했다.

이러한 베트남 음식점들은 베트남 음식이 한국에 알려지는 계기를 제공했을 뿐만 아니라, 베트남 난민들에게 모임 장소를 제공하고 일자리를 제공하는 등 베트남 난민 커뮤니티의 구심점 역할을 했다는 점에서 중요한 의미가 있다.

한국 사회는 정착한 베트남 난민의 삶에 대해 이야기하면서 이들의 어려움에도 관심을 보였다. 이들에게 가장 어려운 점은 가족·친지와 연락이 어렵고, 언어가 통하지 않으며, 한국의 추운 날씨에 적응해야 하는 것이었다. 특히 찾아온 남편이나 연인이 세상을 떠나거나, 타국으로 돈벌이를 하러 나갔거나, 아예 연락이 되지 않는 경우도 있었다. 많은 이들이 특별한 기술이 없고 언어의 장벽으로 일자리를 구하기 어려웠으며, 법적 신분이 보장되지 않아 자녀들의 교육 문제도 심각했다.

1980년대에 접어들면서 조국 상실의 아픔을 표현하던 한국 정착 베트남 난민들은 망국의 배경을 설명하는 목소리로 더 자주 등장하게 되었다. 이들은 대회 안보나 자주 국방보다는 내부 안정과 사회 질서의 중요성을 강조하는 대목에서 산증인으로 자주 언급되었다.

대표적으로, 음식점 「사이공」에서 일하는 래 티 뉴은 "패망 직전 월남… 티우 정권 하에서 가톨릭, 불교 등 종교계 인사와 학생들의 대정부 투쟁 가운데서도 '반미' 등이 주요 명분이었음을 상기해야 한다"고 강조했다. 래 티 뉴은 베트남 북부 하노이 태생으로 4살 때 사이공으로 이주, 사이공여자고등학교를 마치고 19살 때 한국인 기술자 홍인걸 씨와 결혼, 1975년 4월 26일 베트남을 떠나기까지 21년 동안 사이공에서 살았다.

베트남 난민 자치회 회장이자 「뉴사이공」이라는 술집을 난민 처녀 4명과 함께 운영하고 있는 팜 티 돗은 남베트남 패망의 원인과 그 결과를 되뇌며 "베트남이 망한 원인은

티우 대통령을 비롯한 집권층 내부의 부패와 허약성, 사회 혼란… 베트남 국민들이 마음을 합해 사회 혼란을 막았다면 조국을 잃는 신세가 되지 않았을 것"이라고 말했다. 그녀는 병환 중인 66세의 어머니를 다시 만나는 것이 가장 큰 소원이라고 했다. 팜 티 돗은 1975년 4월 26일 당시 새한컬러 직원이었던 남편 김병용 씨를 따라 1남 3녀와 함께 사이공을 떠나 18일 만에 부산에 도착했다.

이처럼 가족에 대한 그리움이 부각된 것은 1985년에 시작된 '남북 이산가족 상봉'이 자리하고 있었다. 1990년대 초반, 특히 1992년에는 베트남 난민 2세가 우리의 시선을 끌었다. 어머니의 나라인 베트남을 잃은 슬픔을 딛고 '아버지의 나라' 한국에서 무국적 상태로 학력고사 응시 자격조차 주어지지 않은 2세의 대학 입학 소식과, 가족의 배신, 경제적 어려움, 언어장벽, 취업난 등으로 고통받는 2세들의 소식도 전해졌다.

그 중, '서울대 입학 베트남 난민 처녀'로 불린 김정엽 양은 1966년 전기기술자로 사이공에 온 아버지와 베트남 어머니 사이에 태어나, 사이공 함락 후 한국에 왔다. 아버지는 한국 가족이 있었고, 어머니는 공사장 일용직, 가방 공장 노동자, 봉제사, 가사도우미로 일하며 2세들을 키웠다. 1992년에는 이러한 이야기가 청소년 드라마로 각색되기도 했으며, 영화 「하얀 전쟁」이 현지 로케이션을 진행했고, 베트남 난민보호소 난민들의 삶이 처음으로 특별 다큐멘터리로 제작되었다. 이러한 관심의 배경에는 한국과 베트남의 수교 재개, 즉 외교 정상화가 있었다.

결론적으로, 1975년 베트남 난민의 유입은 한국 사회에 안보의식 강화, 미국에 대한 인식 변화, 다문화 수용 등 여러 방면에서 깊고 지속적인 영향을 미쳤다. 이는 단순히 난민을 수용한 사건을 넘어, 한국 사회의 변화와 성장의 중요한 계기가 되었다고 볼 수 있다. 특히 베트남 난민의 수용은 한국이 다문화 사회로 나아가는 첫걸음이 되었으며, 이후 베트남과의 외교 관계 재개에도 기여했다. 더불어 한국전쟁 이후 최초로 외국인 난민을 수용한 경험은 한국 사회의 성숙도를 높이는 계기가 되었다.

본 파트에서 우리는 1975년 베트남 난민의 여정과 바다 위의 절망과 희망, 망국과 구원의 기록, 그리고 이들이 한국 사회에 미친 영향과 유산을 살펴보았다. 이제 이러한 논의를 종합하여 1975년 베트남 난민 사태가 지닌 역사적 의미와 현대적 함의를 정리하겠다.

난민은 역사적으로 베트남과 한국을 연결하는 중요한 고리 역할을 해왔다. 과거부터 양국 연안으로 표류해 들어간 난민들이 문화 교섭의 계기를 만들어왔으며, 1975년 베트남 난민 사태는 이러한 역사적 맥락의 연장선상에 있다고 볼 수 있다. 무엇보다도 1975년 베트남 난민은 양국 간 외교 단절기에 교류의 공백을 메우는 역할을 했을 뿐만 아니라, 한국 사회에 더 깊고 광범위한 영향을 미쳤다.

1975년 베트남 난민 사태의 가장 중요한 의미는 한국이 역사상 처음으로 대규모 외국인 난민을 구조하고, 사회통합을 시도하고, 제3국으로의 이주를 알선한 경험을 갖게 된 것이다. 이는 한국의 국제적 위상과 역할, 그리고 인도주의적 책임에 대한 인식을 새롭게 하는 계기가 되었다. 본 파트에서는 이를 사실적으로 이해하기 위해 베트남 난민의 구조, 정착, 재정착에 관한 정부 정책과 난민들의 정착 및 이주 추세를 중점적으로 다루었다.

우리는 LST함 난민과 쌍용호 난민의 성격과 특징을 세 가지 차원에서 분석했다. 첫째, 한국과의 관련성 측면에서 LST함 난민 구조는 한국 역사상 최초의 해외교포 해상 철수 작전이었으며, 베트남전쟁 참전과 남베트남과의 우호관계에 기반한 유연고 난민 구조 작업이었다. 이러한 적극적 구조 활동으로 인해 구조된 난민들은 한국 역사상 유례없는 정착의 대상이 되었다.

둘째, 국제정치학적 맥락에서 한국의 베트남 난민 구조

는 독자적 행동이 아닌 미국 주도의 국제적 공조의 일환이었다. 이는 베트남전쟁 참전국들과 국제기구들의 협력 속에서 이루어져, 한국의 국제적 역할과 책임에 대한 새로운 인식을 불러일으켰다.

셋째, 난민 발생의 근원지인 남베트남의 상황을 '준비된 난민'이라는 개념으로 분석했다. 이를 통해 1975년 베트남 난민의 특성을 더욱 명확히 이해할 수 있었으며, 이후 발생한 보트피플 현상의 연원과 그 규모를 예측할 수 있었다. 이는 현대 세계에서 난민 문제가 가진 본질적인 초국가적(트랜스내셔널) 성격을 잘 보여준다.

1975년 베트남 난민과 한국 사회의 상호작용은 다층적이고 복합적인 양상을 보였다. 정부기관의 관점에서는 난민이 때로 정치적 도구나 일방적 이용의 대상이 되기도 했다. 이는 냉전 체제하에서 국민국가의 메커니즘이 강력하게 작동했기 때문이다. 이러한 맥락에서 미국의 책임을 묻고 그 태도를 비판하는 한편, 한국을 자유, 민주, 인도주의 실현의 주체로 강조하며 자주국방과 안보 체제 강화, 사회질서 확보의 필요성이 부각되었다.

반면 시민사회와 같은 민간 영역의 관점에서는 베트남 난민으로 인해 작지만 중요한 변화들이 일어났다. 난민들의 삶에 대한 공감과 그들의 문화에 대한 관심은 자원봉사, 불우이웃돕기, 문화행사 등 다양한 형태로 표출되었다. 이는 드라마, 소설, 영화 등 문화 콘텐츠를 통해 더욱 확산되어 한국 사회의 문화적 다양성을 증진시켰다. 더불어, 1975년 베트남 난민 사태는 한국 사회에 인도주의와 난민 문제라는 새로운 윤리적, 정책적 과제를 안겨주었다.

이러한 상호작용은 한국 사회의 다양한 층위에서 복합적으로 나타났다. 정부와 언론은 난민을 정치적으로 활용하고 안보와 질서의 중요성을 강조했지만, 시민들은 난민들의 고통에 공감하고 그들을 돕기 위한 자발적 활동을 전개했다. 이는 한국 사회의 성숙도를 반영함과 동시에, 앞으로의 발전 방향을 제시하는 계기가 되었다.

결과적으로, 1975년 베트남 난민의 한국 유입은 단순 난민 수용을 넘어 한국 사회의 다문화적 전환의 시작점이 되었다. 당시에는 그 의미를 제대로 인식하지 못했지만, 이는 한국이 다문화 사회로 진입하는 중요한 계기였다. 이 경험은 한국 사회에 난민에 대한 인식, 국제적 책임, 그리고 문화적 다양성에 대한 새로운 시각을 제공했으며, 이는 한국의 난민 정책과 다문화 정책 발전에 중요한 밑거름이 되었다.

향후 연구에서는 특히 정착한 베트남 난민들에 대한 더 면밀한 추적 조사가 필요하다. 이를 통해 난민들의 장기적인 적응 과정, 한국 사회와의 상호작용, 그리고 그들이 한국의 다문화 사회 형성에 미친 영향을 더욱 깊이 이해할 수 있을 것이다. 이는 향후 한국의 난민 정책과 다문화 정책 수립에 중요한 통찰을 제공할 수 있을 것이다.

part2 바다를 건너온 사람들

| 베트남 보트피플 | [출처 : 나무위키]

1977년 9월 15일 부산시 재송동에 베트남 난민보호소가 설립되어 한국의 난민 수용 정책의 새로운 장을 열었다. 이 보호소는 1989년 8월 16일까지 13년간 운영되었고 총 36차례에 걸쳐 1,382명의 베트남 난민을 수용했다. 이는 매년 평균 106명, 각 차례당 평균 38명의 난민이 입소했음을 의미한다. 주목할 만한 점은 보호소에서 66명의 신생아가 태어나 전체 수용 인원에 포함되었다는 것이다.

　　보호소 운영 데이터를 분석하면, 난민 유입과 퇴소 패턴에 뚜렷한 변화가 있었음을 알 수 있다. 입소 인원은 연도별로 큰 변동을 보였는데, 1979년 145명, 1981년 168명, 1985년 187명, 1989년 215명으로 높은 입소율을 기록했다. 반면 1980년, 1983년, 1987년에는 각각 20명, 20명, 23명으로 입소 인원이 현저히 적었다. 더욱이 1989년 이후

| 1977년 정부와 부산적십자사에서 유엔의 지원을 약속받고 해운대구 재송동에 세운 베트남 난민보호소 | [출처 : 부산시 블로그]

에는 새로운 입소가 전혀 없었다는 점이 두드러진다.

퇴소 동향 역시 변동이 컸고 1980년 151명, 1986년 178 명으로 특히 많은 퇴소가 있었다. 보호 인원은 1977년 92 명에서 시작해 1989년 258명까지 증가했다가 이후 감소하여 1993년에는 150명이 되었다. 전체적으로 1989년에 입소율이 15.6%로 가장 높았고, 1986년에는 퇴소율이 12.8%로 정점을 기록했다.

이러한 데이터는 베트남전쟁 종전 이후의 난민의 유입과 정착, 그리고 한국의 난민 정책 변화를 구체적으로 보여준다. 이러한 통계는 한국 사회의 국제화 과정을 이해하

[표8] 베트남 난민보호소 연도별 입소와 출소

연도	77	78	79	80	81	82	83	84	85	86	87	88	89	90	91	92	93
입소 (명/%)	162	99	145	20	168	65	20	47	187	134	23	97	215	-	-	-	-
	11.7	7.2	10.5	1.5	12.2	4.7	1.5	3.4	13.5	9.7	1.7	7	15.6				
출소 (명/%)	70	115	48	151	79	131	61	12 (1사망)	35	126	176	31	94	11	80	10 (1사망)	150
	5.1	8.3	3.5	10.9	5.7	9.5	4.4	0.9	2.5	9.1	12.8	2.2	6.8	0.8	6	0.7	10.9
보호 (명)	92	76	173	42	131	65	24	58	210	218	65	131	252	241	161	150	

는 데 중요한 단서를 제공한다. 다음 장에서는 이러한 변화의 구체적인 원인과 영향, 그리고 한국 사회에 미친 장기적인 효과에 대해 더 자세히 분석할 것이다.

부산 베트남 난민보호소를 거쳐 간 난민들의 재정착 과정은 현대 국제 난민 문제의 단면을 보여준다. 이들은 1977년부터 1989년까지 해상에서 구조된 보트피플(Boat People)로, 1975년 남베트남 패망 직후 발생한 1차 난민과 구별되어 ‘2차 베트남 난민’으로 불린다. 전체 585세대 1,380

명의 난민이 1977년 9월 23일부터 1993년 5월 17일까지 17년에 동안 140차례에 걸쳐 부산을 떠나 제3국으로 재정착했다. 이는 매년 평균 81명, 한 차례에 약 9명씩 떠난 셈이다.

재정착 국가별로는 미국이 255세대 661명(48%)으로 가장 높은 비중을 차지했고, 캐나다가 99세대 231명(17%)으로 그 뒤를 이었다. 이러한 분포는 영어권 국가의 대한 선호도가 높았음을 보여준다. 유럽에서는 프랑스(46세대, 109명, 8%)와 독일(32세대, 71명, 5%)이 상대적으로 많은 난민을 수용했으며, 호주도 36세대 62명(5%)을 받아들였다. 벨기에, 노르웨이, 스웨덴 등 유럽 국가들도 1-3% 수준으로 난민을 수용했으며, 아시아에서는 일본이 유일하게 7세대 10명을 받아들였다.

세대당 평균 인원은 약 2.36명으로, 이는 주로 소규모 가족 단위의 이주가 이루어졌음을 시사한다. 주목할 만한 점은 2명을 제외한 모든 난민이 제3국에 재정착했다는 사실이다. 이러한 재정착 패턴은 당시의 국제 정세, 각국의 난민 정책, 그리고 난민들의 선호도가 복합적으로 작용한 결과였다.

다음 장에서는 각 국가별 재정착 과정의 특징, 난민들의 새로운 삶의 적응 과정, 그리고 이 경험이 한국의 난민 정

[표9] 부산 베트남 난민의 재정착국

	계	미국	네덜란드	프랑스	벨기에	캐나다	호주	서독	노르웨이	영국	뉴질랜드	스위스	스웨덴	그리스	필리핀	일본
세대	595	255	46	22	15	36	37	23	10	5	99	1	3	3	33	7
인원	1,380	661	109	71	20	62	71	44	25	5	231	1	5	3	62	10
%		48%	8%	5%	1%	5%	5%	3%	2%	-	17%	-	-	-	5%	-

책과 국제 협력에 미친 영향 등을 더 자세히 살펴볼 것이다. 아울러 이 사례가 현대 난민 문제 해결에 제시하는 시사점에 대해서도 논의할 것이다.

베트남 보트피플의 경험과 그로부터 얻은 교훈은 널리 알려져 있지만, 그 세부적인 내용은 여전히 많은 이들에게 미지의 영역으로 남아 있다. 17년 동안 1,382명의 2차 베트남 난민이 한국에 들어와 베트남 난민보호소에서 생활했다는 사실, 그리고 그들의 입출소와 재정착에 관한 구체적인 통계는 심지어 이 주제에 관심 있는 이들조차 잘 모르는 경우가 많다.

더욱이 이들이 어떻게 한국의 해항도시에 들어오게 되었는지, 그들이 누구인지, 어떤 맥락에서 어디에 재정착하게 되었는지 등은 거의 알려지지 않았다. 부산시가 운영하던 난민 보호소의 많은 자료는 문서 보존 기간이 지나 폐기되었고, 베트남 난민 구호를 담당했던 대한적십자사 부산지부가 생산한 문건도 사라져 버렸다.

따라서 본 글은 남아 있는 부산시의 베트남 난민 관련 기록과 1977년부터 1993년까지의 신문 자료를 바탕으로 베트남에서 출발해 남중국해, 동중국해를 거쳐 한국, 이어 서구로 향한 보트피플의 여정을 최대한 상세히 재구성하고자 한다. 특히 다음 세 가지 핵심 측면에 초점을 맞추었다. (1) 2차 베트남 난민의 구조 시점과 장소, 입항한 해항도시, 그리고 베트남 난민보호소 입소 과정 (2) 난민들의 재정착 시기와 장소, 그리고 그 결정 요인 (3) 한국의 해항도시에 도착한 난민들에게 영향을 미친 외부 환경과 역사적 맥락.

이 세 가지 측면은 베트남 난민의 다양한 모습과 그 변화, 그리고 그 의미를 이해하는 데 중요한 틀을 제공할 것이다. 이를 위해 1983년을 기준으로 두 시기로 나누어 각 측면을 살펴볼 것이다. 1983년은 13년간의 2차 베트남 난민 유입 역사의 중간 지점일 뿐만 아니라, 이전에 들어온 난민이 모두 재정착하고 새로 유입된 난민도 가장 적었던 해이다. 무엇보다 1983년이 1987년에 뚜렷해진 새로운 형태의 보트피플 유입이 시작된 시점이라는 점이다.

이러한 접근을 통해, 베트남 난민의 경험을 더욱 깊이 있게 이해하고, 그들의 여정이 가진 역사적, 사회적 의미를 보다 명확히 파악할 수 있을 것이다. 또한 이는 현재의 난민 문제에 대한 통찰을 제공하고, 미래의 인도적 과제에 대비하는 데 중요한 기초가 될 것이다.

4. 베트남 난민보호소의 설립과 보트피플의
유입(1977~1982)

1) 남중국해 해상에서의 구조와 한국 해항도시로의
입항

1977년부터 1982년까지 한국에 입국한 2차 베트남 난민
은 총 663명으로, 이는 전체 2차 베트남 난민의 48%에 해
당한다. 이 중 460명이 11척의 선박을 통해 우리나라의 여
러 해항도시에 도착했다. 이 선박들의 국적과 구조 과정,
그리고 난민들의 배경을 살펴봄으로써 당시 베트남 난민의
한국 입국 상황을 더 깊이 이해할 수 있다.

구조에 참여한 11척 선박의 국적을 살펴보면, 한국과 라
이베리아가 각각 3척씩을 차지했고, 영국, 벨기에, 네덜란
드, 남아프리카공화국, 미국이 각각 1척씩을 보유했다. 한
국 선박은 105명(23%)을, 외국 선박은 355명(77%)을 구조
했다. 이는 국제적 협력 하에 난민 구조가 이루어졌음을
보여준다.

한국 선박들의 난민 구조 활동은 주로 화물선과 원양어
선을 통해 이루어졌다. 1977년 8월 14일, 동서해운 소속
동연호가 동남아시아 항해중에 20명의 베트남 난민(남성

12명, 여성 8명)을 구조해 부산항에 입항했다. 1978년 2월 5일, 인도네시아에서 원목을 싣고 오던 삼익상선 소속 화물선 삼동호는 남중국해상에서 표류하던 베트남 난민 45명을 구조해 2월 13일 인천항에 입항했다. 1979년 9월 19

| 1977년 부산에 도착해 난민 보호소로 이동하기 위해 버스에 오른 베트남 난민들과 그들을 환영하는 시민들 [출처: 국가기록원] |

[표10] 2차베트남 난민 구조 현황 (1977~1982)

구조 / 입항일시	구조 선박	구조 장소 / 인원	입항 항구 - 입소
1977. 06. 07 구조, 06. 15 입항	존A메콘호(라이베리아선적) 미국 세브론쉬핑 소속 유조선	베트남근해 38명	여수항 → 광주(3 달) → 부산(9.15)
1977. 07. 18 구조, 07. 24 입항	아모크 텍사스시티호(라이베 리아선적) 유조선	베트남연안 33명	인천항 → 옹진군 → 부산(9.15)
1977. 08. 14 입항	동연호 동서해운 소속 동남아취항선	20명	부산항 → 부산
1978. 02. 05 구조, 02. 13 입항	삼동호 삼익상선소속 화물선	남중국해상 45명	인천항 → 부산 (2.23)
1979. 09. 15 구조 09. 19 입항	오룡호 사조산업소속 원양어선	남중국해상 40명	부산항 → 부산 난 민보호소(9.20)
1979. 09. 15 구조 09. 20 입항	알라릭호 (영국국적) 화물선	남중국해상 32명	인천항 → 부산
1980. 10. 17 입항	피나스 벨지크호 (벨기에국적)	남중국해상 19명	인천항 → 부산
1981. 04. 15 입항	남아연방국선	62명	
1981. 04. 20 입항	라이베리아선	98명	
1981. 08. 03 입항	미국선	8명	
1982. 12. 16 입항	라티아호(네덜란드국적) 유조선	남중국해상 65명	여수항 → 부산

일, 사조산업 소속 원양어선 제55호 오룡호는 남중국해에서 표류 중이던 베트남 난민 40명(남성 33명, 여성 7명)을 구조해 부산항에 도착했다.

라이베리아 선박은 이 기간 동안 가장 많은 169명(37%)의 난민을 구조했다. 특히 존 A 메콘호와 아모크 텍사스시티호는 유조선으로, 각각 여수와 인천 항구에 입항했다. 존 A 메콘호는 사우디아라비아 라스파루라항에서 원유를 싣고 오던 중 베트남 근해에서 38명의 난민을 구조해 1977년 5월 15일 여수항에 입항했다. 아모크 텍사스시티호는 사우디아라비아 라스타항에서 원유를 싣고 인천항으로 오던 중 33명의 난민(남성 24명, 여성 19명)을 구조해 1977년 7월 24일 인천항에 도착했다. 라이베리아 선박이 많은 이유는 선주들이 선박을 자국에 등록하지 않고 제3국에 등록하는 편의치적(便宜置籍) 때문이다.

영국 선적의 알라릭호는 남중국해에서 32명(남성 24명, 여성 8명)을 구조해 1979년 9월 20일 인천항에 도착했다. 이 선박은 석탄공사가 수입하는 석탄을 싣고 남아프리카 더반(Durban)항에서 출발한 화물선이었다. 벨기에 선적의 피나스 벨지크호는 1980년 10월 17일 남중국해에서 19명의 난민을 구조해 인천항에 도착했다. 네덜란드 유조선 라티아호는 1982년 5월 16일 65명의 난민을 싣고 여수항에 입항했다.

1977년부터 1982년까지 베트남 난민을 구조해 한국에 들어온 선박의 국적과 종류를 분석하는 것은 난민들의 한국 입국 과정과 임시 수용 과정의 배경을 이해하는 데 중요한 의미를 갖는다. 이 시기 난민 구조와 수용 과정에는 여러 복잡한 요인들이 작용했다.

한국 선박의 경우, 특히 귀항 중이던 화물선이나 원양어선이 난민을 구조하면 대개 한국 항구에 입항할 수밖에 없었다. 그러나 때에 따라 가까운 안전한 항구나 최초 기항지에 난민을 하선시키거나, 남중국해에서 구조한 난민을

월남난민보호소(영화 「사랑 그리고 이별」에서 캡쳐)

제1 수용국(First Asylum)에 인계하는 경우도 있었다.

외국 선박, 특히 한국으로 석유나 석탄을 운반하던 유조선과 화물선의 경우, 한국 항구가 최초 기항지인 경우가 많았다. 이런 경우 한국은 국제법상 난민을 한시적으로라도 수용해야 할 의무가 있었다. 예를 들어, 피나스 벨지크호가 19명의 난민을 태우고 인천항에 도착했을 때, 정부는 최초 기항지라는 이유로 조건부 상륙을 허가했다. 이처럼 외국 선박이 난민을 데리고 온 모든 경우에 한국 항구가 최초 기항지였다.

난민의 임시 체류 허용 여부를 결정할 때, 한국 정부는 선박이나 선장의 국적국이 베트남 난민 재정착에 대해 어떤 의지와 신뢰도를 가지고 있는지도 중요하게 고려했다. 한국이 최초 기항지라고 해서 무조건 난민의 상륙을 허가하지는 않았다. 구조 선박이나 해운회사, 또는 선장의 국적국은 난민 재정착 문제를 협의할 수 있는 당사국이자, '도덕적' 책임을 물을 수 있는 최후의 보루였다.

이런 맥락에서 미국 국적의 선박이나 선장(회사 포함)은 한국 항구에 상대적으로 쉽게 입항할 수 있었다. 이는 한미 간의 우호적 관계와 미국의 난민 재정착에 대한 신뢰할 만한 보장 때문이었다.

반면, 한국 국적 선박이 보트피플을 구조하는 것은 여러 요인으로 인해 쉽지 않은 결정이었다. 선장은 난민을 구조해야 할 인도주의적이고 도덕적인 의무를 지닌 개인인 동시에 회사와 국가의 입장을 고려해야 하는 조직 구성원이었다. 선박 회사는 경제적 이유로 보트피플 구조를 꺼릴 수 있었고, 정부 역시 난민의 입국 후 송출과 정착 문제, 국내 안보와 사회 질서 유지 등에 대한 부담으로 베트남 난민의 구조와 입항을 꺼리는 경향이 있었다.

이러한 복잡한 요인들은 당시 한국의 난민 수용 정책과 국제 협력 방식, 그리고 인도주의적 대응과 국익 사이의 균형을 어떻게 맞추려 했는지를 보여주는 중요한 사례가 된다.

1979년 9월 20일 인천항에 입항한 영국 선적 알라릭호 사례는 한국 정부가 난민을 실은 외국 선박의 입항에 대해 어떻게 대응했는지를 잘 보여준다. 정부는 인도주의적 고려와 실익을 동시에 추구하는 전략을 채택했다. 난민들의 상륙을 허가하면서도, 이들을 최단 시일 내에 영국으로 송환한다는 조건을 붙였다. 이는 '인도주의'와 한영 양국 간 '우호' 관계를 고려한 결정이었으며, 동시에 향후 한국 선박이 베트남 난민을 구조해 홍콩에 입항할 경우를 대비한 상호호혜적인 합의를 영국 정부로부터 받아내는 계기가 되었다.

1977년부터 1982년까지 292명의 난민을 구조해 한국에 들어온 8척의 선박은 다양한 국적과 선종으로 구성되었다. 한국, 라이베리아, 영국, 벨기에, 네덜란드 등의 국적을 가진 이 선박들은 화물선 4척, 유조선 3척, 원양어선 1척으로 이루어졌으며, 인천(4척), 부산(2척), 여수(2척) 항구에 입항했다. 모든 구조 활동은 남중국해의 베트남 근해에서 이루어졌다.

구체적인 사례를 살펴보면, 존 A 메콘호는 1977년 6월 7일 판탄항 남방 150마일 해상에서 38명의 베트남 난민을 구조했다. 이들은 5톤급 목조로 탈출을 시도하다 위험에 처한 그룹이었다. 구조된 난민들은 다양한 직업적 배경을 가지고 있었는데, 대학교수, 은행원, 전 남베트남 군인, 교사, 학생, 농어부 등이 포함되어 있었다.

이 첫 입항 사례는 한국의 베트남 난민 수용, 관리, 송출 체제 구축의 출발점이 되었다. 난민들은 대부분 제3국 정착을 희망했고, UNHCR과 관련국들의 협조로 한국은 임시 보호 역할을 맡게 되었다. UNHCR이 체류 경비와 제3국 정착을 책임지는 조건으로, 한국은 난민들을 한시적으로 수용하기로 결정했고, 이에 따라 부산에 베트남 난민보호소가 설립되었다.

1977년 7월 24일 인천항에 도착한 아모크 텍사스시티호의 사례도 주목할 만하다. 이 선박은 베트남 연안 남중국 해역에서 33명의 난민을 구조했는데, 이들은 베트남 카트 칸에서 출발한 사이공과 퀴논(Quy Nhơn) 출신들이었다. 33명 중 18명은 5가구로 구성된 가족이었고, 나머지 15명은 주로 고교생인 미혼자들이었다.

존 A 메콘호와 아모크 텍사스시티호가 구조한 난민들은 베트남 난민보호소가 개소하기 전까지 각각 광주와 인천에서 임시 수용되었다. 이들은 부산 이외의 지역에서 생활한 유일한 베트남 난민 그룹이었다.

이러한 구조 활동들은 당시 한국 정부의 난민 정책, 국제 협력 방식, 그리고 인도주의적 책무와 국익 간의 균형을 어떻게 맞추려 했는지를 보여주는 중요한 역사적 기록이다. 또한 이는 한국이 국제사회의 책임 있는 일원으로서 인도주의적 역할을 수행하려는 노력의 일환으로도 볼 수 있다.

1979년 9월, 남중국해에서 두 건의 주목할 만한 난민 구조가 이루어졌다. 영국 선적의 알라릭호는 32명(남성 24명, 여성 8명)을, 한국 원양어선인 오룡호가 40명(남성 33명, 여성 7명)을 각각 구조했다. 오룡호에 의해 구조된 난민들의 사례는 당시 한국에 입국한 2차 베트남 난민의 전형적인 특징을 보여준다.

오룡호가 구조한 난민들은 베트남 공산화 이후 '비판적 인물'로 지목된 지식인과 가톨릭 신자들이었다. 이들은 7가구 총 40명으로, 주로 초중등 교사와 그 가족, 지인들로 구성되어 있었다. 9월 9일 나트랑(Nha Trang)시 송까우항(Song Cau)항 근처에서 출발한 이들은 필리핀령 부수한가(Busuanga)섬 서쪽 해역에서 표류하다 미군 초계기에 의해 발견되었고, 이어 오룡호에 의해 구조되었다. 이 사례는 난민 구조를 위한 국제적 협력 체계가 어떻게 작동했는지를 잘 보여준다.

이 시기 한국에 입국한 난민들의 출신 지역은 대부분 주로 베트남 중부와 남부의 해항도시였다. 예를 들어, 아모크 텍사스시티호가 구조한 난민들은 퀴논(Quy Nhơn)에서, 오룡호가 구조한 나트랑(Nha Trang)에서, 존 A 메콘호에 탑승한 난민들은 사이공에서 왔다. 이들의 사회계층은 대체로 중산층에 속했으며, 교수, 은행원, 군인, 변호사, 의사, 교사 등 전문직 종사자들이 포함되어 있었다.

난민들 중에는 베트남 화교와 가톨릭 신자의 비율이 높았다는 점이 특징적이다. 이들 난민 대부분은 5톤급 목조 어선을 이용해 탈출을 시도했으며, 선박 한 척당 평균 30명 정도가 탑승했다. 이들은 주로 5-6가구의 친족 관계로 구성되었으며, 청년 미혼자들도 많았다.

| 베트남난민보호소에서의 일상: 살며 | [출처 : 대한늬우스]

1982년 12월 16일, 네덜란드 국적의 유조선 라타아호가 구조한 65명의 난민 그룹은 당시 베트남 난민의 인구통계

| 베트남난민보호소에서의 일상: 배우며 | [출처 : 대한늬우스]

| 베트남난민보호소에서의 일상: 놀고 | [출처 : 부산 적십자사]

학적 특성을 잘 보여준다. 24세대 중 1인 가구가 11세대
(46%), 2인 이상 가구가 13세대(54%)였으며, 2인 이상 가
구의 평균 구성원 수는 4.2명이었다. 연령 분포를 보면, 10
세 미만이 40%, 10대가 25%, 20대가 22%, 30대가 12%,
40대가 1%로, 30세 미만이 전체의 86%를 차지했다. 이는
난민 대부분이 젊은 층이었음을 보여준다.

　이들의 직업 구성도 다양했다. 65명 중 경찰과 공무원이
각 1명, 회사원 3명, 군인과 재단사가 각 1명, 학생 12명

등이 포함되어 있었다. 특히 전체 인원의 상당수를 차지한 학생들은 대부분이 10였다는 점이 특징적이다.

이러한 구조 활동 사례들은 당시 베트남 난민의 인적 구성과 특성, 그리고 이들의 구조 과정에서 이루어진 국제 협력의 실태를 잘 보여준다. 또한 한국이 난민 수용 과정에서 UNHCR과 관련국들과의 협력 방식, 그리고 인도주의적 책무와 국익 간의 조화를 어떻게 모색했는지를 그리고 인도주의적 대응과 국익 사이에서 어떻게 균형을 잡으려 했는지를 이해하는 데 중요한 단서를 제공한다.

2) 재정착 양상

1977년부터 1982년까지 부산에서 제3국으로 재정착한 베트남 난민은 594명으로, 이는 같은 기간 한국에 입국한 2차 베트남 난민 전체의 43%를 차지했다. 이 기간 중 입소자 비율이 48%였던 것과 비교하면 재정착 비율이 다소 낮았으나, 1982년 12 월 중순 라티아호가 추가로 구조해 온 65명을 감안하면 1982 년 말까지 대다수 난민이 재정착지를 찾아 떠났다고 볼 수 있다.

이처럼 입소에서 재정착까지의 과정이 비교적 신속하게

진행될 수 있었던 것은, UNHCR 과 미국을 중심으로 한 국제사회의 적극적인 협력이 있었기 때문이다.

베트남 난민의 재정착국 선정은 주로 수용 국의 정책방향과 수용 의지에 따라 결정되었다. 이러한 수용국들의 결정은 난민 구조 선박의 국적국으로서의 책무 외에도 세 가지 주요 요인의 영향을 받았다.

첫째는 인도주의적 책무였다. 이는 각국의 개별적 판단이 아니라 국제 공조와 책임 분담 원칙에 기반한 여러 차례의 국제회의를 통해 확립되었다.

둘째는 베트남전쟁 참전에 따른 역사적 책임이었다. 참전국들은 각자의 여건에 맞춰 난민 수용에 참여했다. 한국, 태국, 대만, 필리핀 등 아시아 참전국들의 경우 주로한 시적 체류 공간을 제공했고, 미국, 호주, 뉴질랜드는 영구 정착지를 제공했다. 전쟁을 간접 지원했던 캐나다, 일본, 독일, 영국과 옛 식민 종주국인 프랑스도 난민을 수용했다.

셋째는 종교적 관용, 특히 가톨릭계 국가들의 적극적인 참여였다. 베트남 난민 중 가톨릭 신자들이 상당수를 차지했기에 프랑스, 캐나다, 호주, 벨기에 등 가톨릭 전통이 강한 국가들이 난민 재정착에 앞장섰다.

난민 개개인의 희망 정착국 선택 또한 중요한 고려 사

항이었다. UNHCR은 난민들의 의사를 최대한 존중하고자
했으나, 실제 재정착에는 해당국과의 연고 관계가 중요한
역할을 했다. 현지에 정착한 친족이나 후원자가 있는 경우
재정착 과정을 수월하게 했고, 특히 가족 재결합을 위한
재정착이 가장 빈번했다. 또한, 가톨릭교회에서 베트남 난
민 신자들의 재정착을 지원하는 사례도 많았다.

제3국 재정착을 위해 부산 수영비행장에 도착한 베트남 난민들
[출처 : 국가기록원]

1977년부터 1982년까지 부산에 임시 체류했던 난민 594명 중 자료 추적이 가능한 295명의 재정착 현황을 분석한 결과, 미국이 206명(필리핀 경유 포함)으로 가장 많은 난민을 받아들였고, 프랑스가 71명으로 그 뒤를 이었다. 호주, 네덜란드, 캐나다, 뉴질랜드 등도 소수의 난민을 수용했다.

1977년부터 1982년까지 부산에서 한시적으로 거주했던 난민 594명 중 이주 기록이 확인된 295명의 재정착 현황을 분석한 결과, 미국이 206명(필리핀 경유자 포함)을 수용하여 가장 많은 난민을 받아들였고, 프랑스가 71명으로 두 번째로 많았다. 호주, 네덜란드, 캐나다, 뉴질랜드 등도 일부 난민을 받아들였다.

1977년부터 1982년까지의 베트남 난민 재정착 현황을 연도별로 자세히 살펴보면, 각 국가의 난민 수용 양상과 난민들의 이주 흐름을 더욱 명확히 이해할 수 있다.

1977년에는 71명이 재정착을 위해 부산을 떠났으며, 이들은 9월 두 차례로 나뉘어 모두 프랑스로 이주했다. 1978년에는 115명이 부산을 떠나 재정착했으며, 이 중 113명의 추적이 가능하다. 이들은 다음과 같이 네 차례로 나누어 - 1월 20일 53명(24가구, 남 34명, 여 19명), 2월 15일 22명(8가구), 2월 23일 11명, 11월 20일 22명(10가구, 남 10명,

[표11] 2차 베트남 난민 재정착 현황 (1977~1982)

년도	제1 재정착국	명	제2 재정착국	명	제3 재정착국	명
1977	프랑스	71	-		-	
1978	미국	108	캐나다	4	뉴질랜드	1
1981	미국	9	-		-	
1982	미국	89	호주	10	네덜란드	3
총계(비율)	미국 206명 (70%) 캐나다 4명		프랑스 71명 (24%) 네덜란드 3명		호주 10명(3%) 뉴질랜드 1명	

여 12명) - 총 108명이 미국으로 재정착했다. 그 외에도 4명은 캐나다로, 1명은 뉴질랜드로 떠났다.

베트남 난민보호소의 난민들은 주로 가족이나 친족 등 연고자가 있는 국가로의 재정착을 희망했으며, 이를 위해 우리 정부는 관련국 및 UNHCR과 협상했다. 예를 들어, 1977년 베트남 난민보호소에 입소한 91명 중 86명은 미국으로의 재정착을 희망했다. 라이베리아 선적의 아모크 텍사스시티호가 7월에 인천항으로 구조해온 33명도 대부분 미국행을 원했다. 협상 결과, 1978년 1월 20일 미국은 우선 53명을 수용했다. 이 중에는 라이베리아 선적 미국 회사 선박인 존 A 메콘호가 전해 6월에 구조한 난민들이 포함되어 있었다. 존 A 메콘호 난민 중 다수는 미국에, 일부는 프랑스와 캐나다에 정착하기를 희망했다.

1979년에는 48명, 1980년에는 151명의 난민이 재정착지를 찾았으나, 이들의 최종 정착지는 현재로서는 확인할 수 없다. 1981년에는 79명이 출소했지만, 파악 가능한 인원은 3월 17일 미국으로 떠난 9명뿐이다. 이들은 처음으로 한국 정부와 한국인의 인도주의적 보살핌에 감사의 인사를 전했다.

이들이 '뉴스거리'가 된 이유는 1977년부터 1980년까지 들어온 총 난민 426명 중 거의 마지막으로 부산을 떠난 사람들이었기 때문이다. 또한 더 이상 베트남 난민이 유입되지 않기를 바라는 심리도 작용했을 것으로 보인다. 그러나 1981년에는 이 시기 최대 규모인 168명의 난민이 입곡했으며, 1982년에는 이 시기 최대 규모인 131명이 부산을 떠났다. 이 중 파악 가능한 102명 중 89명이 미국으로 이주했으며(2월 25일 48명, 5월 20일 41명), 나머지 13명은 호주와 네덜란드로 향했다(9월 15일, 16일 10명, 11월 23일 3명). 이들 대부분은 1981년 세 차례에 걸쳐 남아공 선박(62명), 라이베리아 선박(98명), 미국 선박(8명)으로 입국한 이들이었다.

전반기 베트남 난민의 재정착은 비교적 원활하게 이루어졌다. 정착 희망국에 연고자가 있으면, 통상 1년 정도를 베트남 난민보호소에서 머문 뒤 재정착지를 찾을 수 있었다. 반면 연고자가 없는 경우에는 보호소 생활이 길어졌으며, 기약 없는 기다림이 이어졌다. 이러한 예로 1982년 11월 23일 베트남 난민보호소를 마지막으로 떠나 네덜란드로 간 3명의 난민은 1977년부터 5년 5개월간 베트남 난민보호소에 머물렀다.

요약하면, 이 시기 부산의 베트남 난민을 받아들인 국가는 프랑스를 포함한 9개국이다. 미국은 전체 출소 난민의 67%를 수용하여 가장 많은 난민을 재정착시켰으며, 캐나다, 호주, 뉴질랜드, 독일, 영국도 난민을 이민자로 받아들였다. 이들 국가들은 모두 베트남전쟁과 관련이 있었다. 호주와 캐나다는 가톨릭교도가 가장 많은 국가이기도 했다. 벨기에와 네덜란드는 베트남전쟁이나 가톨릭과 직접적인 연관은 없었지만, 각각의 국기를 단 피나스 벨지크호(1980년)와 라티아호(1982년)가 난민을 구조해 한국에 내려놓은 인연으로 인해 베트남 난민의 재정착지가 되었다.

3) 1979~1982년 베트남 난민의 유출입에 영향을 미친 요인과 특징

동남아 전역에서 1975-1977년 동안 월평균 500명 정도이던 베트남 난민 수는 1977년 중반에 1,700명까지 급격히 늘어났다. 이 시기부터 베트남 난민은 한국의 해항도시에 도착하기 시작했다. 대부분의 난민은 한국에 정착할 의사가 없었고, 잠시 머무를 것이라고 예상하지도 못했다. 이들은 베트남 해안을 떠나 홍콩, 마닐라, 방콕, 싱가포르, 쿠알라트렝가누와 같은 남중국해의 주요 항구에 도착하기를 희망했다. 따라서 우연히 한국으로 향하는 선박에 구조되어 부산, 여수, 인천에 입항한 베트남 난민들은 다른 아시아 8개국에 임시 체류했던 난민들과 크게 다르지 않았다.

베트남 난민의 발생 배경은 중월 분쟁과 베트남의 화교 추방으로 설명된다. 1975년 통일을 이룬 베트남은 남베트남의 사회주의화를 추진하며, 정치적으로 친중 세력이고 경제적으로 남베트남의 자본주의 경제를 장악하고 있던 화교를 사회주의 체제 안으로 통합해야 했다. 1977년, 베트남 노동당은 화교에게 중국 국적을 버리거나 추방을 감수하라고 경고하며 상업의 사회화를 단행했다.

한편, 1977년부터 개혁개방으로 전환하고 있던 중국은 베트남의 화교 정책을 적대행위로 간주하며 강하게 비판했다. 중국은 서방 국가의 지지와 화교의 기술 및 자본을 필요로 했기 때문이다. 이념적 차이, 소련 및 캄보디아와의 외교 정책, 영토 문제 등 여러 사안에서 베트남과 중국은 상호 적대적이었다. 이러한 맥락에서 1978년과 1979년 동안 중국과 베트남은 화교에 대한 적극적인 정책을 발표하고 실행에 들어갔다. 베트남에서 특권을 잃은 화교들은 농사를 짓거나 군에 입대해야 하는 선택의 기로에 놓여 중국 또는 동남아로 탈출을 시도할 수밖에 없었다. 베트남 북부의 화교들은 육로를 통해 중국으로, 남부의 화교들은 주로 배를 타고 동남아로 탈출했다. 이때부터 '보트피플'이라는 말이 널리 쓰이게 되었다.

중월 분쟁이 절정에 달하던 1977년에서 1979년 사이, 한국에 들어온 난민 수는 동남아의 전반적인 추세와 비슷했다. 1977년 162명, 1978년 99명, 1979년 145명이 한국의 해항도시로 들어왔다.

그렇다면 왜 한국이 베트남 난민 문제에 관여하게 되었는지 살펴볼 필요가 있다. 국제해양법과 관행에 따르면 해상에서 조난당한 사람들을 구조해야 할 의무가 있다. 이러한 국제적 의무를 다하는 한국 국적의 선박이 있었기에 베트남 난민은 한국 항구에 들어오게 되었고, 한국은 재난 상륙 허가를 통해 난민을 수용하고 보호했다. 또한 인도주의적 관점에서 미국과 국제사회의 호소에 부응한 측면도 있었다. 그러나 무엇보다도 베트남 난민에 대한 책임 문제는 자주 베트남전쟁에 대한 책임으로 돌아갔으며, 한국도 이로부터 자유로울 수 없었다.

이와 관련해 당시의 국제 여론을 주목할 필요가 있다. 인도네시아 집권 골카르당의 수지 하르토 당수는 1979년 6월 18일, 인도네시아 집권 골카르당의 수지 하르토 당수는 미국, 호주, 한국, 뉴질랜드 등 베트남전쟁 참전국들이 난민 문제에 적극적으로 대처하지 않고 있다고 비판하며, 인도네시아, 말레이시아, 싱가포르, 태국, 필리핀 등 아세안 회원국들이 책임을 전가받아야 할 하등의 이유가 없다고 주장했다. 한 미국인 기자는 베트남전에 참전한 나라들은 모두 베트남 난민에 대해 책임을 져야 한다고 말했다.

한국 정부가 이에 책임을 지는 방식은 두 가지였다. 첫째, 제1수용국의 역할을 주도적으로 수행하는 것이었다. 둘째, 인도차이나 난민 원조를 위해 구호 기금을 기증하는 것이었다.

이 시기 베트남 난민의 발생은 중월 분쟁과 베트남전쟁과 관련이 깊다. 한국에 도착한 베트남 난민을 더 잘 이해하려면 두 가지 관점이 보충되어야 한다. 첫째, 베트남 난민을 안에서부터 밖으로 밀어내는 지속적이고 장기적인 힘(push factors)뿐만 아니라, 이를 특정 시기에 분출시켜 현재화하고 규모를 결정하는 외부의 끌어당기는 힘(pull factors)에 대한 고려가 필요하다.

미국과 서구, 국제기구 등의 적극적인 홍보와 구조 활동, 재정착지 마련을 위한 노력, 그리고 무엇보다도 보트피플에 대한 집단적이고 자동적인 난민 자격 부여도 이러한 힘이 되었다. 난민에 대한 국제사회의 관여가 역설적으로 난민의 계속성과 확대에 기여하는 결과를 가져왔다. 이는 베트남 난민이 가지고 있는 국제정치적 측면을 명확히 드러낸다.

둘째, 베트남 난민의 입장에서 보면 이미 해외에 정착한 가족과의 재결합 및 새로운 경제적 기회에 대한 기대가 보트피플화의 주요 요인으로 작용했다. 이러한 차원에 대한 이해는 베트남 사회주의 체제의 잔인함이나 무능, 또는 공산주의의 탄압과 자유의 유실이라는 냉전 체제적 해석 속에서 베트남 난민의 계속성과, 예측 가능성, 그리고 적극성을 설명할 수 있게 한다.

베트남 난민이 정착지를 찾아 한국을 떠나는 맥락은 입국보다 국제사회의 움직임과 더 밀접하게 관련되어 있다.

1979년 초, 10만 명에 이르는 보트피플이 동남아 항구에 몰려오자 아세안 국가들의 위기의식이 높아졌다. 난민의 계속적인 유입은 베트남 공산 정권이 주변 국가의 불안을 조성하기 위해 제5열을 투입하고 있다는 의혹을 불러일으키며 안보 문제까지 야기했다. 또한 기술 부족과 낮은 교육 수준을 가진 이들이 사회적 불안을 초래할 가능성이 있다고 우려했다. 특히 베트남 난민의 다수가 화교라는 사실로 인해 동남아 현지 주민들의 인종적 반감이 나타나고 있어 민족 간 분쟁까지 우려되었다.

당시 아세안 5개국은 이미 국내 화교 문제로 어려움을 겪고 있었고, 자칫 중국과의 문제도 일으킬 수 있었기에 어느 나라에서도 이들의 정착을 원하지 않았으며, 임시 기착지 역할도 UNHCR과 관계국이 제1수용국 난민을 모두 데려간다고 보장하지 않으면 허용하지 않겠다는 입장이었다. 난민 유출국인 베트남과의 협상이 불가능한 냉전체제에서 아세안과 홍콩의 제1수용국은 국제사회에 호소하는 길밖에 없었다.

1979년 1월 13일, 아세안 외무장관들은 난민의 유입 증가에 대해 심각한 우려를 표명하며, 난민 문제는 이 지역의 평화와 안정을 해칠 뿐 아니라 아세안 국가들의 심각한 경제적, 사회적 혼란을 야기할 것이라고 경고하며 국제사회의 주목과 협력을 촉구했다. 제1수용국에 정체된 베트남 난민을 서방 국가에 재정착시킴으로써 해소하고, 베트남으로 하여금 난민을 더 이상 유출시키지 않도록 하는 방법만이 해결책이었다.

　동남아로의 베트남 난민 유입 부담을 줄이기 위해 UNHCR은 1979년 초 베트남 정부와 질서있는 출국 프로그램(Orderly Departure Program, ODP을 합의하며 이를

| 제3국에 재정착하기 위해 출국 전 베트남 난민보호소에서 기념 촬영을 하고 있는 베트남난민 | [부산 적십자사 제공]

실행하기로 했다. 이는 해외 가족과의 재결합 및 인도주의적 이유로 출국을 희망하는 베트남인들에게 합법적 출국의 길을 열어주는 프로그램이었다. 베트남은 여전히 출국을 희망하는 40-60만 명을 막을 수는 없지만, ODP를 통해 매달 1만 명의 합법적 출국을 보장할 것이라 밝혔다.

철저한 해안 접근 차단과 불법 상륙 난민 추방을 포함한 아세안의 강경 대응이 계속되는 상황에서 1979년 5월과 7월 사이 여러 차례 국제회의가 열렸다. 마침내 1979년 7월 20-21일, 제네바에서 유엔의 후원하에 한국과 베트남을 포함한 65개국이 참여해 인도차이나 난민 문제의 국제적 해결을 모색했다.

이 제네바 회의에서 국제사회는 각기 책임을 분담했다. 미국, 영국, 호주, 프랑스, 캐나다를 포함한 재정착국들은 재정착 규모를 확대했으며, 아세안 5개국과 홍콩은 제1수용국으로서의 역할을 충실히 이행할 것을 약속했다. 베트남은 ODP를 실행하고 불법 출국을 차단하기 위한 노력을 약속했다. 제네바 국제회의의 결과로 1979년 6월 56,941명이었던 유입 난민 수가 같은 해 12월에는 2,745명으로 현저히 감소했다. 1980년 베트남 난민보호소 입소자가 1979년 145명에서 20명으로 급감하고 출소자가 최대치(151명)에 도달한 사실도 이러한 분위기와 무관하지 않다.

한국의 국내 정세 변화도 베트남 난민의 입소에 영향을 미쳤다. 1979년 10.26 사건(박정희 대통령 암살) 이후 신군부의 권력 장악, 서울의 봄, 5.17 비상계엄 전국 확대 조치, 5.18 광주 민주화 운동 등으로 인해 한국 사회는 큰 격동에 휘말렸다. 이러한 이유로 1980년 당시 한국은 난민 수용에 필요한 여력이 부족한 상황이었다.

요약해 보면, 1979년 제네바 회의는 베트남 난민 문제를 국제적으로 해결하려는 중요한 전환점이었으나, 이 시기의 베트남 난민 유출입에는 여러 복합적인 요인이 작용했다. 제네바 회의에서 국제사회는 난민 문제 해결을 위한 책임을 분담했지만, 한국으로의 난민 유입과 그 영향을 살펴보면 여전히 다양한 문제가 드러난다.

한국은 제1수용국으로서의 역할을 맡아 난민을 수용했으나, 이는 제한적이고 단기적인 대응에 그쳤다. 재정착국들의 재정착 규모 확대 노력에도 불구하고, 한국에 도착한 난민들은 여전히 안정적인 생활 기반을 확보하지 못한 상태였다. 특히, 1979년 10.26 사건과 1980년의 정치적 격변으로 인해 한국 사회는 심각한 혼란을 겪으며, 이는 베트남 난민 수용에 부정적인 결과를 초래했다.

베트남의 ODP 시행과 불법 출국 억제 노력은 일시적인 난민 유입 감소를 가져왔지만, 이는 근본적인 해결책이 될

| 부산의 베트남난민보호소 현판 철거, 1993년 2월 | [출처 : 대한늬우스]

| 부산의 베트남난민보호소 폐소, 1993년 2월 | [출처 : 대한늬우스]

수 없었다. 한국은 난민 문제 해결을 위해 국제사회의 노력에 동참했으나, 냉전의 정치적 긴장과 국내혼란으로 실질적인 성과를 내기 어려웠다. 아세안 국가들은 난민 문제를 안보와 경제적 위협으로 보고, 난민 수용에 소극적 태도를 보이며, 이는 한국에 추가적인 부담을 안겼다.

결국, 1979-1982년 한국으로의 베트남 난민 유출입은 국제적 협력과 갈등, 인도주의적 노력과 정치적 이해 관계가 얽힌 복잡한 문제였다. 이는 난민 문제 해결에 있어 국가 간 협력의 중요성과 함께, 각국의 정치적, 경제적 이해관계가 난민 문제 해결의 장애물이 될 수 있음을 보여준다. 한국의 사례는 난민 문제 해결이 얼마나 복잡하고 다차원적인 과제인지, 그리고 국제적, 국내적 요인들이 어떻게 영향을 미칠 수 있는지를 명확히 드러낸다.

5. 난민 유입의 새로운 양상(1983~1993)

1) 구조와 입항 경위

1983년부터 1993년까지의 후반기 6년 동안, 한국에 유입된 베트남 난민의 수는 717명으로, 이는 2차 베트남 난민 전체의 52%에 해당했다. 이 중 추적 가능한 512명의 자료를 분석한 결과, 1986년을 기점으로 난민들의 한국 입국 양상에 뚜렷한 변화가 나타났다.

1983년부터 1986년 초반까지의 시기는 앞서 논의한 바와 같이 선적 국가, 선박 종류, 입항지, 구조 장소 등을 기준으로 분석되었다. 이 기간 동안 177명의 난민이 유입되었는데, 이들은 주로 남중국해에서 구조되어 다양한 국적의 선박을 통해 한국으로 들어왔다. 구체적으로, 한국(2척), 라이베리아(1척), 파나마(1척), 노르웨이(1척) 국적의 선박들이 난민 구조에 관여했으며, 이들 선박은 화물선(3척), 유조선(1척), 원양어선(1척) 등 다양한 종류였다. 이들 난민의 주요 입항지는 부산(3척), 여수(1척), 인천(1척)이었다.

1986년 후반부터 1989년까지의 기간에는 난민 유입 패턴에 큰 변화가 나타났다. 이 시기에 유입된 335명의 난민 중 다수가 서해 영해를 넘어 불법 상륙한 사례였다. 또한 난민들의 기항지도 다양화되어 평택, 군산, 목포 등 새로운 항구들이 추가되었다. 여수와 부산은 남중국해와 서해에서 구조된 난민이 공통적으로 도착하는 항구 역할을 지속했다.

1983년부터 1989년 사이 한국 선원이 구조한 난민 비율은 29%(512명 중 151명)로, 전반기 23%에 대비 6% 증가했다. 그러나 이는 유의미한 변화로 보기는 어렵다. 반면, 외국 선박에 의해 구조된 난민의 비율은 26%(133명)로, 전 시기의 77% 대비 크게 줄어들었다.

이 시기의 가장 주목할 만한 변화는 서해상에서 표류하던 난민을 한국 해군 경비정이 구조한 사례가 등장했다는 점이다. 서해에서 구조된 난민의 수는 228명으로, 이는 1983-1989년 사이 파악 가능한 전체 난민의 거의 절반(45%)에 해당했다. 이러한 변화는 2차 베트남 난민 후반부에 나타난 난민의 특성 변화와 밀접하게 연관되었다.

이는 난민의 탈출 경로와 방법의 변화, 그리고 한국 정부의 대응 정책 변화를 보여주는 중요한 사례로 간주되었다.

[표12] 2차베트남 난민 구조 현황(1983~1989)

구조 / 입항일시	구조선박	구조장소 / 인원	입항 항구 - 입소
1983. 7. 10. 구조	동남화평호 동화해운소속 동남 아취항선	대만 북서쪽 해상 10명	부산항
1984. 10. 10. 입항	애플 브로솜호, 라 이베리아국적 화물선	판랑항 부근 남중국 해상 45명	부산항
1985. 11. 14 구조 1985. 11. 26 입항	광명87호 동원수산선전 원양어선	남중국해 보르네오 해상 96명	부산항
1986. 06. 14 구조 1986. 06. 20 입항	호이크 풀맘호 노르웨이선전 유조선	베트남근해 33명	여수항 → 부산
1986. 06. 17 구조·입항	해군경비정 예인	충남 서산 근처 19명	대만으로 송환
1986. 09. 10 입항	미볼호 파나마국적 화물선	5명	인천항 → 부산
1987. 07. 01 구조 1987. 07. 02 입항	해군경비정 예인	전남신안군 소흑산도 21명	목포항 → 부산
1988. 05. 19. 입항	버지 이글호 노르웨이선적	22명	여수항 → 부산
1988. 05. 22 입항	해군경비정 예인	제주도 죽도 30명	제주도 추자항 → 부산항
1988. 06. 29 구조·입항	해군경비정 예인	38명	군산항 → 부산

1989. 02. 23 상륙허가	해군경비정 예인	전남신안군 소흑산도 41명	
1989. 04. 07	호 간데리아 노르웨이선적	73명	평택항 → 부산
1989. 08. 16	해군경비정 예인	전남 여수앞 무인도 79명	여수항 → 부산

앞서 제시한 [표12]의 세부 내용을 살펴보면, 1983년부
터 1989년까지의 베트남 난민 구조 활동에 대한 구체적인
양상이 드러난다. 이 기간 동안 발생한 주요 구조 사례들
을 시간 순으로 분석해 보면 다음과 같다.

1983년부터 1985년 사이, 한국 관련 선박들이 베트남
난민 구조에 활발히 참여했다. 한국 선적의 화물선과 원양
어선이 1983년과 1985년에 106명의 난민을 구조했으며,
1984년에는 한국인 선장과 선원이 승선한 선박이 45명의
난민을 구조했다. 이들 난민은 모두 부산항으로 입항했다.

1983년 7월 10일, 동화해운 소속의 동남아 취항 화물선
동남화평호가 대만 북서쪽 해상에서 소형 보트로 표류 중
이던 베트남 난민 10명을 구조했다. 이 구조 지점은 기존
남중국해 베트남 연안에서 멀리 떨어진 새로운 지점이었

다. 이러한 '북상' 현상은 베트남 북부 또는 중국에서 난민이 유출되어 한국으로 유입되는 초기 징후로 해석될 수 있다.

이러한 변화는 1981년부터 감지되기 시작했다. 당시 중국인들이 베트남인으로 위장해 마카오로 유입된다는 소문이 돌았으며, 같은 해 베트남 난민보호소의 입소자 수가 급증한 것도 관련이 있었다. 1983년 한국에 입국한 난민의 절반이 대만 북서쪽 해상에서 구조되었다는 점은 새로운 유형의 난민, 즉 중국인이거나 중국에 재정착했다가 다시 난민이 된 베트남 화교들이 한국의 해항도시로 들어왔을 가능성을 시사했다.

1984년 10월 6일, 라이베리아 선적의 화물선 애플 브로솜호가 베트남 판랑항 인근 남중국해에서 45명(남성 28명, 여성 17명)의 난민을 구조했다. 이 선박에는 한국인 선원 26명과 한국인 선장이 탑승하고 있었다. 애플 브로솜호는 편의치적선이거나 나용선으로 추정되어 한국 통계에 포함되었다.

1985년 11월 14일, 동원수산 소속 원양어선 광명87호가 남중국해 보르네오 해상에서 5톤 소형 목선에 탑승한 96명의 난민을 구조했다. 회사 측은 난민을 무인도에 하선시키라는 지시를 내렸지만, 전제용 선장은 이를 거부하고 26

| 1985년 남중국해에서 구조한 96명의 난민이 부산 베트남 난민보호소에서 촬영된 사진을 들고 있는 광명87호의 선장 전제용. | [출처 : 월간조선 2009년 6월호]

| 구조된 난민 중 한 사람이 전제용 씨에게 보내온 가족사진과 감사의 글 |

일 부산항에 입항했다. 선장은 난민을 구조한 이 사건으로
인해 정부 정보기관의 조사를 받았고 회사에서 해고되었
다. 이는 보트피플 구조가 쉽지 않은 선택이었음을 보여준
다.

24년 만에 세상에 공개된 광명87호의 사례는 그 간 한
국사회가 베트남 난민 문제에 대해 가졌던 복잡한 입장을
보여준다. 이는 당시 한국 사회가 인도주의적 책임과 현실
적 제약 사이에서 겪었던 딜레마를 드러내는 중요한 사례

| 광명87호 선장 전제용에 의해 구조된 피터 누엔
이 자신의 경험을 담아 베트남어로 집필한 자서전
『오션 하트』 |

이다.

[표12]의 세부 내용을 더 자세히 살펴보면, 1983년부터 1989년까지의 베트남 난민 구조 활동에서 흥미로운 패턴과 변화가 관찰된다.

이 시기 한국 선박과 선장이 구조한 난민은 모두 부산항으로 입항했다. 그러나 광명87호 사례에서 드러나듯 베트남 난민 구조에 대한 전반적인 분위기는 매우 소극적이었다. 특히 광명87호를 끝으로 1986년 이후 한국 선박에 의한 구조 기록은 더 이상 나타나지 않았다. 그럼에도 불구하고 이전 시기와 비교했을 때 난민 구조의 본질적인 양상에는 큰 변화가 없었다. 이는 광명87호가 구조한 난민의 지도자였던 피터 응우옌의 배경을 통해 더욱 분명히 알 수 있다.

피터 응우옌의 사례는 당시 베트남 난민의 전형적인 배경을 보여주었다. 그는 북베트남 출신으로 어린 시절 월남하여 다낭에 정착했으며, 프랑스계 국제학교를 졸업한 가톨릭 신자였다. 베트남전쟁 기간 중 남베트남군 장교로 복무했고, 1975년 사이공 함락 이후 6년간 정치범 재교육수용소에 수감되었다. 1985년 11월 10일 붕타우 인근 해안에서 소형 목선을 타고 탈출했으며, 미국에 재정착할 수 있는 연고를 가지고 있었다.

피터 응우옌은 1986년 1월 14일 광명87호에 의해 구조되어 1987년 6월까지 1년 6개월을 부산 베트남 난민보호소에서 생활했다. 이후 그는 필리핀으로 떠났으며, 그곳에서 약 1년을 기다린 뒤 최종 목적지인 미국으로 이주했다. 이러한 그의 여정은 당시 베트남 난민들이 경험한 복잡한 이주 과정을 전형적으로 보여주는 사례이다.

1983년부터 1989년까지 한국에 입항한 베트남 난민구조 선박 중 외국 국적 선박은 총 4척으로, 노르웨이 선적이 3

| 구조된 베트남 난민들이 전 선장과 선원들에게 만들어 준 카드 |

척, 파나마 선적이 1척이었다. 이 중 파나마 선박은 5명을, 노르웨이 선박들은 128명의 난민을 구조했다. 이 중 구체적인 구조 위치가 확인된 것은 노르웨이 선적 호이크풀만호뿐이었는데, 이 배는 1986년 6월 20일 남중국해 베트남 근해에서 33명(남성 21명, 여성 12명)의 난민을 구조해 여수항으로 들어왔다.

1986년 9월 10일, 파나마 국적의 미볼호가 베트남 난민 5명을 태우고 인천항에 입항했다. 그러나 이후 입항한 노르웨이 선박들의 구조 위치는 기록에 남아 있지 않다.

1988년 5월 17일, 노르웨이 선적 버지 이글호는 22명(남성 12명, 여성 10명)의 베트남 난민을 태우고 여수항에 입항했다. 이들은 모두 6가구였으며, 4가구의 가장이 어부였고, 나머지는 선박 기관 기술자와 양복 재단사였다. 이러한 직업 구성은 초기 난민들과는 다른 양상을 보여주는데, 특히 어부들의 높은 비중이 주목된다. 이는 북베트남 해안가에서 어업에 종사하다 중국 베하이에 정착한 화교 어민들이 다시 난민이 되었을 가능성을 시사한다. 또한 이들 가구 대부분이 호주, 미국, 필리핀에 친인척을 두고 있었다.

1989년 4월 7일, 노르웨이 선적 호 간데리아호가 구조한 73명(남성 47명, 여성 26명)의 난민이 평택항에 도착했으나, 이들의 구조 경위는 기록에 남아 있지 않다.

한편 1986년부터는 베트남 난민의 유입 양상에 주목할 만한 변화가 나타났다. 서해 해상에 표류하거나 불법 상륙한 후 한국 어선에 발견되어 해군 경비정에 의해 예인되는 난민들이 나타나기 시작했다. 1986년 6월, 이러한 변화를 단적으로 보여주는 사건이 발생했다. 5톤급 소형선박을 타고 19명의 베트남 난민이 충남 서산 근처에 도착해 구조를 요청했다.

이들은 조사에서 중국 광둥성에서 건설 노동자로 일하다가 산둥반도로 이동한 뒤 배를 구해 탈출했다고 진술했다. 한국 정부는 이들을 7월에 대만으로 이송했다. 이 사건은 두 가지 점에서 중요한 의미를 갖는다. 첫째로 베트남 난민으로 위장한 다른 유형의 이주민이 처음 확인된 사례이며, 둘째로 서해안에서 최초로 구조된 난민 사례라는 점이다.

1984년 중국과 한국 간 조선족 친지방문이 시작된 이후부터 1992년 한중 수교 이전까지의 기간 동안, 상당수의 중국인이 베트남 난민으로 위장해 서해에 기착한 것으로 추정된다. 이는 1985년과 1986년의 한국으로 입국한 베트남 난민이 이전 2년과 비교해 3~9배 증가한 사실에서도 확인할 수 있다. 1987년부터 1989년까지 3년간 한국에 입국한 난민 대부분은 서해에서 발견, 구조된 이들이었다.

1987년에는 베트남 난민보호소 입소 난민 수가 23명으로 급감했다. 이러한 감소는 두 가지 요인에서 기인했다. 첫째, 6월 항쟁으로 대표되는 한국의 반독재 민주화 운동으로 인한 정세 불안을 이유로 정부가 난민 수용에 소극적인 태도를 보였다. 둘째, 베트남 정부가 난민 발생을 억제하는 정책을 도입했다. 특히 1987년 중반부터 베트남 정부는 해상을 통한 불법 출국을 막고자 해외에 정착한 보트피플의 가족 재회를 위한 귀국을 장려했다.

1986년 베트남의 도이머이 정책은 난민에 대한 당국의 인식을 크게 바꾸어 놓았다. 이전까지 '매국노'로 여겨졌던 탈출자들은 이제 경제적으로 도움을 줄 수 있는 '애국자'로 받아들이기 시작했다. 한편 1979년 제네바 국제회의 당시 베트남 당국은 예상한 40~60만 명의 난민 목표는 1982년에서 1984년 사이에 거의 달성되었다. 베트남은 ODP에 따라 매달 1만 명의 출국을 허용하겠다고 약속한 바 있었다.

따라서 1987년 이후 입국한 난민의 성격 변화는 이러한 복합적인 배경 속에서 이해할 필요가 있다. 즉 베트남의 정책 변화, 한국의 국내 정세, 그리고 국제 사회의 난민 정책 등 여러 요인의 변화가 맞물려 새로운 형태의 난민 유입 양상을 만들어낸 것이다.

2차 베트남 난민 후반부에는 외국 선박에 의해 구조된 경우를 제외하고도 베트남 난민보호소에 입소한 난민의 69%(304명 중 209명)가 서해에서 구조되었다. 이들은 1987년부터 크게 증가했는데, 주로 전남 신안과 여수, 그리고 북제주 연안에 불법 상륙하거나 표류하다 구조를 요청했다. 또한 연안 어선에 의해 발견되어 해군 경비정에 의해 목포, 부산, 군산, 여수항으로 이송되었다. 1987년부터 1989년까지 발생한 5건 중 3건이 전남 신안과 여수 해역에서, 1건이 제주 추자도 인근에서, 마지막 1건이 군산 앞바다에서 발생했다.

1987년 7월 1일, 충무 선적 장어잡이 어선 제7명성호가 소흑산도 남서쪽 30마일 해상에서 표류 중이던 베트남 난민 21명을 발견했다. 난민들은 전남 신안군 흑산면 흑산도(일명 가거도)에 머물렀고, 해군 경비정이 이들을 목포항까지 호송하여 7월 2일 입항했다.

1988년 5월 13일, 여수선적 안강망어선 대륭호가 제주도 죽도 남서쪽 140마일 해상에서 조업 중 표류 중인 베트남 난민들을 발견했다. 대륭호는 난민선에 식량과 의약품을 제공했고, 난민선은 자력으로 동중국해 방향으로 떠났다. 그러나 이틀 뒤에 이 난민선으로 추정되는 15톤급 목선이 난민 30명을 채운 채 제주도 북제주군 추자도 추자항 300미터 해상에 정박했다. 해군 경비정은 이들을 5월 22일 부산항에 호송했다. 이들 대부분은 베트남식 이름을 가지고 있었고 어부였다는 점에서 앞서 버지 이글호 구조 사례와 유사했다.

1989년 2월 13일, 정부는 전남 신안군 소흑산도 신도면 가거도리에 불법 상륙한 베트남 난민 41명(남 32명, 여 9명)에 대해 인도적 차원에서 제3국 송출 시까지 임시 보호하기로 결정했다. 이어서 1989년 8월 11일에는 여수 앞바다 무인도인 초도리섬(전남 여천군 상도면)에 불법 상륙한 난민 79명의 상륙을 허가했고, 이들은 8월 16일 베트남 난민보호소에 입소했다.

1989년 전남 신안과 여수 앞바다에서 구조된 이들 120명의 난민들은 대부분 중국식 이름을 사용했으며, 스스로를 노동자와 농부라고 증언했다. 이들의 면면을 살펴보면 더 이상 전형적인 베트남 난민의 특징을 찾아보기 어려웠다. 부산 베트남 난민 수용소는 이후 더 이상의 베트남 난민을 수용하지 않았다. 특히 마지막 3년간 전남과 제주 연안에서 구조된 난민은 주로 어부, 노동자, 농민으로 구성되어 있었다.

1988년 5월 13일 여수 선적 안강망 어선인 대륭호가 발견한 난민들은 선원 4가구, 수리공 2가구, 무직 1가구였다.

1989년 2월 신안 앞바다에서 구조된 이들은 20명이 노동자(1명의 재단사 포함)라고 증언했다. 마지막으로 같은 해 8월 초도리섬에 상륙한 난민 79명 중 다수인 53명이 농부였으며, 나머지는 재봉사, 용접공, 운전사, 어부, 이발사로 구성되어 있었다.

이처럼 서해 연안으로 들어온 이들의 정체는 불분명했다. 이들은 베트남 난민이라기보다는 처음 정착지를 떠나 다시 이동하는 화교 또는 중국인이었을 가능성이 높았다. 추정컨대 이들은 서해에서 구조되어 부산을 통해 서방 제3국으로 가거나 정착하거나 일본으로 가서 일자리를 얻으려 했던 것으로 보인다. 이러한 변화는 베트남 난민의 성격과 구성이 시간이 경과에 따라 변화하는 양상을 보여주는 중요한 증거이며, 한국의 난민 수용 정책에도 새로운 과제를 제시했다.

마지막 3년간 들어온 난민의 성격을 이해하기 위해 1989년 9월 베트남 난민보호소에서 구호 중이던 289명에 대한 조사 결과를 분석해 볼 필요가 있다. 이 자료는 난민들의 구성과 특성이 시간에 따라 어떻게 변화했는지를 보여주는 중요한 지표다.

우선 세대별 구성으로 보면, 전체 148세대 중 100세대

(68%)가 독신세대로, 1982년과 비교하면 2배 가량 증가했다. 특히 더욱이 독신세대의 남성 비율도 82%로, 1982년보다 18% 높았다. 연령별 분포에서는, 20대 비율이 1982년 21.5%에서 1989년에는 36.6%로 크게 늘었는데, 취업 기회를 찾아 단신으로 탈출을 시도한 20대 남성이 증가했기 때문으로 보인다.

직업별 분포에서도 큰 변화가 나타났다. 농업과 노동(재봉사 포함)에 종사하는 이들이 120명으로 전체의 61%를 차지했다. 여기에 어업을 생업으로 하는 13명을 더하면 전체 난민의 67%가 사회 저변층이었다. 학생의 비율은 40-41명으로 20%였으며, 회사원 23명과 공무원 1명을 포함해 중산층은 12%였다. 이러한 직업 분포의 변화는 난민들의 사회경제적 배경에 뚜렷한 변화가 있었음을 보여준다.

국적별 분포를 보면 289명 중 '남베트남 78명, 북베트남 89명, 중국 122명'으로 나타났다. 남베트남과 북베트남 출신을 합하면 167명으로 58%, 중국인이 42%를 차지했다. 그러나 중국인의 비율이 실제로는 더 높았을 것으로 추정된다.

실제로 1992년 7월 시점에 베트남 난민보호소에 남아있던 145명(남 94명, 여 51명) 중 베트남 출신자는 11명(약 8%), 중국계는 134명(92%)이었다. 이는 중국계 난민들이

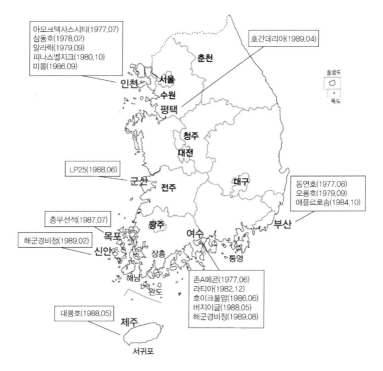

아모크텍사스시티(1977.07)
삼동호(1978.02)
알라릭(1979.09)
피나스벨지크(1980.10)
미폴(1986.09)

호간데리아(1989.04)

춘천

울릉도

독도

인천
서울
수원
평택

청주
대전

LP25(1988.06)
군산
전주
대구

동연호(1977.08)
오룡호(1979.09)
애플르로솜(1984.10)

부산

충무선적(1987.07)
목포
광주
여수

해군경비정(1989.02)
신안
장흥
통영

해남
완도

존A메콘(1977.06)
라티아(1982.12)
호이크롤맘(1986.06)
버지이글(1988.05)
해군경비정(1989.08)

대룡호(1988.05)
제주

서귀포

[지도1] 2차베트남 난민이 들어온 한국의 해항도시들(1977~1989)

더 많았을 뿐 아니라 제3국 재정착에도 더 많은 어려움을
겪었음을 보여준다.

난민들의 종교적 분포에서도 주목할 만한 특징이 있었
다. 1988년 6월 민주정의당 부산동구 지구당 조사에 따르

면, 당시 재소자 중 가톨릭 신자는 44명으로 전체 105명의 42%였다. 이는 1986년 말 통계와 유사한 수준으로, 당시 베트남 난민보호소 재소자 216명 중 48%인 103명의 가톨릭 신자로서 미사에 참석한 것으로 기록되어 있다.

이상의 통계 자료들은 1980년대 후반들어 한국으로 유입된 베트남 난민들의 특성이 크게 변화했음을 보여준다. 특히 젊은 독신 남성의 증가, 저소득층 직업군의 비중 확대, 중국계 난민의 증가 등은 난민 유입의 성격이 근본적으로 변화했음을 시사한다. 이러한 변화는 베트남의 정치경제적 상황 변화, 중국과의 관계, 그리고 국제 난민 정책의 변화 등 복합적인 요인들이 작용한 결과로 볼 수 있다.

[지도1]은 1977년부터 1989년까지 2차 베트남 난민들의 한국의 여러 해항도시로의 유입 경로와 관련 정보를 보여준다. 주요 입항 도시는 인천, 군산, 목포, 여수, 부산, 울산, 포항 등 서해안, 남해안, 동해안에 걸쳐 있었으며, 그중에서도 특히 부산은 가장 많은 입항 기록을 남겼다. 이러한 난민 입항은 12년이라는 장기간에 걸쳐 지속적으로 발생했으며, 특히 1980년대 중반 이후에는 그 빈도가 크게 증가했다.

[지도1]에 표시된 선박들의 유형을 보면, 상업용 선박,

어선, 그리고 특수 목적 선박 등 여러 종류의 선박이 난민 구조에 참여했음을 확인할 수 있다. 입항 기록의 지리적 분포를 살펴보면, 서해안과 남해안이 난민들의 주요 유입 경로였던 반면, 동해안으로의 입항은 상대적으로 드물었다. 이는 지리적 위치가 난민 유입에 영향을 미쳤음을 보여준다.

이러한 입항 동향은 베트남전쟁 이후 발생한 장기적인 인도주의적 위기와 이에 대한 한국의 대응 양상을 보여준다. 입항 도시의 분포, 구조 선박의 다양성, 그리고 시기별 난민 유입의 변화는 당시 국제 정세와 한국의 난민 정책이 어떻게 변화해 갔는지를 파악하는 데 도움이 될 것이다.

2) 재정착 양상

1983년부터 1993년까지의 10년간은 2차 베트남 난민 재정착의 중요한 시기였다. 이 기간 동안 총 788명의 난민이 베트남 난민보호소를 떠나 제3국에 정착했으며, 이는 2차 베트남 난민 전체의 57%에 해당한다. 추적 가능한 597명의 데이터를 분석해 보면, 미국이 255명(43%)으로 최대 재정착국의 위치를 유지했지만, 그 비율은 전반기 67%에서 크게 감소했다.

이 시기의 특징은 난민들의 부산 체류 기간이 길어졌고, 재정착국의 수가 9개국에서 13개국으로 확대되었다는 점이다. 주요 재정착국으로는 미국 외에도 뉴질랜드(152명, 25%), 호주(44명, 7%), 네덜란드(43명, 7%) 등이 있었다. 특히 베트남전쟁에 관여했던 미국, 뉴질랜드, 호주, 프랑스가 전체의 76%(454명)를 수용했으며, 전쟁을 지지했던 국가들(캐나다, 독일, 일본, 영국)까지 포함하면 그 비율은 88%(525명)에 달했다.

재정착 현황을 보면, 1987년에 미국(필리핀 경유 포함)이 124명으로 단일 연도 최대 수용을 기록했고, 1993년에는 뉴질랜드가 150명을 받아들여 단일 국가 최대 수용 기록을 세웠다. 1980년대 후반에 재정착 인원이 증가했다가 1990년대 초반에 다시 감소하는 추세를 보였다. 특히 네덜란드와 노르웨이 같은 국가들은 자국 선박이 난민을 싣고 한국에 기항한 인연으로 재정착에 참여하게 되었다.

이 기간의 난민 재정착 현황은 국제사회의 인도주의적 대응과 각국의 역사적, 정치적 관계가 복합적으로 작용한 결과였으며, 베트남 난민 문제에 대한 글로벌 차원의 협력을 반영하고 있었다.

[표13] 2차베트남 난민 재정착 현황(1983~1993)

년도	최대 재정착국	명	재정착국	명	재정착국	명
1983	네덜란드	43	미국	14		
1986	미국[필]	45	서독 호주	22 10	스위스 캐나다	1 1
1987	미국 [필리핀 포함]	124	호주 캐나다 서독 노르웨이	18 11 6 5	스웨덴 영국 뉴질랜드 그리스	4 3 2 1
1988	호주 캐나다	12 12	프랑스 그리스 미국	3 2 1	호주 스웨덴 영국	1 1 1
1989	미국 [필리핀 포함]	71	노르웨이	15	캐나다 호주	5 3
1992	일본	10	-			
1993	뉴질랜드	150	-		-	
총계 (비율)	미국 255(43%) 뉴질랜드 152(25%) 호주 44(7%) 네덜란드 43(7%)		캐나다 29 독일 28 노르웨이 20 일본 10		스웨덴 5 영국 4 그리스 3 프랑스 3 스위스 1	

[표13]에 제시된 1983년부터 1993년까지의 2차 베트남 난민 재정착 현황을 연도별로 살펴보면 다음과 같다. 1983년에는 61명의 난민이 부산을 떠났으며, 이 중 57명의 행선지가 명확히 파악되었다. 3월 23일에 43명이 네덜란드로, 12월 1일에는 5가구 14명이 미국으로 향했다. 이들은 1982년 12월 네덜란드 선적 라티아호에 의해 구조되어 여수항에 입항했던 65명 중 일부였다. 이는 네덜란드가 여수항에 도착한 난민의 66%를 수용한 것이었다. 이로써 1982년까지 구조되어 부산에 있었던 난민들은 모두 재정착하게 되었다.

1984년과 1985년의 출국자 수는 각각 12명(사망 1명 포함)과 35명이었으나, 이들의 구체적인 재정착국에 대한 정보는 부족하다. 1986년에는 총 126명 중 79명의 재정착 정보가 확인되었다. 스위스와 캐나다에 각각 1명, 호주에 10명(7가구), 미국에 45명(15가구), 독일에 22명이 재정착했다. 1986년은 1985년의 대량 유입(187명)에 따라 송출이 비교적 활발히 이루어진 해였으며, 대부분의 재정착자들은 약 1년간 한국에 머물렀다.

1987년에는 재정착이 지속적으로 이루어져 176명이 9개국에 재정착했다. 이 시기 난민들의 베트남 난민보호소 체재 기간은 최단 7-8개월에서 최장 2년 9개월로, 평균 1-2

년 사이였다. 1987년 출국자들은 주로 1985년과 1986년에 부산, 여수, 인천에 도착해 보호소에 수용되었던 이들이었다. 특히 미국이 이 해에 124명을 받아들여 단일 국가 연간 최대 수용 기록을 세웠다.

1988년의 경우, 총 31명이 재정착했는데, 호주, 캐나다, 프랑스로 간 이들은 모두 가톨릭 신자였다. 7월 27일 캐나다행 난민들은 1985년에 보호소에 수용된 이들로, 약 2년 8개월간 부산에 체류했다. 1988년은 1984년에 이어 두 번째로 재정착이 저조한 해였다. 이는 주요 이민국이었던 미국으로의 정착이 단 1명에 그쳤기 때문이다. 미국의 재정착 규모는 한국 내 베트남 난민의 재정착 규모와 체재 기간에 큰 영향을 미쳤다. 1989년 이후 미국은 단 6명만을 수용했으며, 이는 전체적인 재정착 패턴에 변화를 가져왔다.

이와 같은 연도별 변화는 국제 정세와 각국의 난민 정책 변화를 반영하며, 베트남 난민 문제에 대한 국제사회의 대응이 시간에 따라 어떻게 변화했는지를 보여준다.

1989년에는 총 94명의 난민이 재정착했다. 특히 1989년 10월 16일과 18일에 필리핀을 경유해 미국으로 정착하기 위해 출국한 62명의 사례에서 주목할 만한 사실이 확인되었다. 이들 중 단독 세대를 제외한 13세대 49명 가운데 9

세대 39명이 미국에 친인척을 두고 있었다. 구체적으로 출국 인원 전체의 63%, 2인 이상 가구 중에서는 80%가 미국에 연고를 가지고 있었던 것이다.

이러한 현상은 여러 측면에서 해석될 수 있다. 첫째, 전반기와 마찬가지로 이들이 난민이 된 이유가 가족 재결합의 성격을 띠고 있다는 점이다. 연고가 있는 서구에서 재정착하고 가족과 만날 수 있다는 기대가 베트남 난민 유출의 주요 원인임을 이는 다시 한 번 보여준다. 이러한 인적 관련성의 첫 고리는 1975년 사이공 함락 직전 미국이 주도적으로 이송한 13만 명의 난민에서 찾을 수 있다. 이 고리는 중월 분쟁으로 인해 다시 한 번 확대되었으며, 베트남의 저발전과 서구의 새로운 경제적 기회라는 맥락에서 이후 10년간 자동적으로 확대 재생산되었다고 볼 수 있다.

1989년의 다른 사례들도 주목할 만한 특징을 보였다. 6월 16일 캐나다에 정착한 5명은 모두 캐나다에 친척이 있었다. 반면, 8월 31일 노르웨이로 간 11명 세 가구는 노르웨이에 아무런 연고가 없었다. 이는 이 시기 주로 난민을 구조해 온 외국 선박이 노르웨이 선적이었다는 사실과 관련이 있을 것이었다. 또한, 6월 16일 캐나다로 이민한 화교 1명을 제외한 4명의 난민과 2월 13일 호주로 정착한 3명 모두가 가톨릭 신자였다는 점도 주목할 만하다.

이러한 사례들은 연고, 종교, 구조 선박의 선적 등 다양한 요인들이 난민들의 재정착 과정에 미치는 영향을 잘 보여준다. 이는 난민 재정착이 단순히 정책적 결정만이 아닌, 개인적 연결망과 우연한 요소들이 복합적으로 작용하는 과정임을 보여준다.

1989년 후반부터 1993년 초까지는 베트남 난민보호소에 새로운 입소자 없이 출소자만 있었던 시기로, 이전과는 다른 양상의 재정착 경향이 나타났다. 이 시기에 처음으로 일본이 부산에서 난민을 수용했으며, 특히 국제기구나 국가가 아닌 개인의 노력으로 많은 난민이 재정착지를 찾는 독특한 현상이 발생했다.

1990년과 1991년의 출소 현황은 각각 10명과 80명으로 기록되어 있으나, 구체적인 내용은 확인되지 않는다. 1992년에는 10명의 난민이 부산을 떠났는데, 이들은 모두 6월 19일 일본으로 재정착했다. 이 집단은 두 가족 세대와 다섯 다독 세대로 구성되었으며, 그들의 한국 입국 시점은 1986년 9월, 1988년 5월, 1988년 6월로 다양했다. 이는 각각 5년 9개월, 4년 1개월, 4년 21일이라는 상당히 긴 기간을 부산의 베트남 난민보호소에 체류했음을 의미한다.

1993년 초에는 베트남 난민보호소에 남아있던 150명 전원이 뉴질랜드로 출국했다. 부산이 마지막으로 베트남 난민을 수용한 시점이 1989년 8월 16일이었음을 고려하면, 이들은 최소 5년 이상을 부산에서 생활한 것으로 추정된다. 이 대규모 재정착의 배경에는 미국인 사업가 존 메너 (리복 신발 이사)와 그의 아내 사라 메너의 헌신적인 노력이 있었다. 이들 부부의 이민 주선 노력이 뉴질랜드 정부의 수용을 이끌어냈다.

이러한 1989년 이후의 재정착 과정은 난민 문제 해결에 있어 국가 간 협력뿐만 아니라 개인의 인도주의적 노력도 중요한 역할을 할 수 있음을 보여준다. 또한, 난민들의 장기 체류 문제와 그에 따른 해결책 모색의 필요성도 드러내고 있다. 이 시기의 경험은 향후 난민 정책 수립에 있어 중요한 참고 사례가 될 수 있을 것이다.

3) 후반기 베트남 난민에 영향을 미친 주요 요소와 특징

1989년 8월 16일, 한국이 맞이한 마지막 베트남 난민들의 여정은 험난했다. 이들은 같은 해 5월 7일 인천 울도 해상에서 처음 구조되었으나, 배 수리와 환자 치료 후 5월 17일 공해상으로 추방되었다. 6월에 다시 남제주군 마라도 해상에서 발견된 난민들은 다시 공해상 추방 위기에 처하자 극단적인 선택을 했다. 그들은 배에 불을 지르고 바다로 뛰어들었고, 이로 인해 구조되어 전남 여천 거문항으로 예인되었다.

난민들의 시련은 여기서 끝나지 않았다. 거문항 주변 주민 30여 명이 이들의 상륙을 반대하며 시위를 벌였다. 이에 정부는 난민들을 전남 여천군의 무인도인 초도리섬(상도)에 긴급 대피시켰다. 8월 11일에 이르러서야 정부는 상륙을 허가했고, 이들을 베트남 난민보호소에 수용한 뒤 제3국으로의 송출 방안을 모색했다. 8월 16일, 난민들은 보호소에 입소할 수 있었다.

베트남 난민 문제는 보호소의 입소자가 없어졌다고 해서 종결된 것이 아니었다. 1989년 이후 한국 정부는 베트남 난민으로 추정되는 표류민을 우리 해안에서 발견하면 일관되게 공해상으로 추방하는 정책을 펼쳤다. 이러한 사례는 여러 차례 있었다. 1989년 8월 12일 제주도 남쪽 공해상에서 발생한 사건, 1993년 8월과 12월의 사건들, 그리고 1995년 4월과 8월의 사건들이 대표적이었다. 이 모든 경우에 난민선들은 공해로 추방되었다.

100일간 한국 영해를 떠돌다 뒤늦게 구호된 마지막 난민들과 이후의 일관된 공해 추방 방침 뒤에는 국제사회의 베트남 난민에 대한 인식과 정책 변화가 자리 잡고 있었다. 이 시기에 이르러 난민들 대다수는 경제난민으로 분류되었고, '위장 난민' 또는 '가짜 난민'이라는 용어가 광범위하게 사용되었다. 또한 제1수용국들은 개별적으로 베트남과 직접 교섭하여 난민을 송환하는 방식을 택했다. 이러한 국제적 흐름 속에서 한국의 난민 정책도 변화를 겪었던 것이다.

1988년과 1989년, 제1수용국들은 보트피플에 대한 강경한 대응 정책을 연이어 발표했다. 1988년 1월 태국은 보트피플의 본국 송환 방침을 밝혔고, 4월에는 말레이시아가 팔라우 비동 난민캠프의 폐쇄를 결정했다. 홍콩 또한 1988년 6월 16일 이후 도착한 모든 보트피플을 불법 이민자로 간주하겠다고 선언했다. 이러한 일련의 조치들은 제1수용국들은 더 이상 모든 보트피플을 난민으로 인정하지 않고, 본국으로 송환하거나 엄격한 심사를 통해 진정한 난민 여부를 가려내겠다는 입장을 취했다. 이에 따라 아세안 국가들도 1989년 3월부터 심사제도를 도입하기 시작했다.

이에 대해 베트남 난민들은 격렬히 반발하며 투쟁을 벌였고, 난민의 유입은 지속되었다. 이런 가운데 1989년 6월 13일부터 14일까지 제네바에서 10년 만에 인도차이나 난민에 관한 국제회의가 개최되었다. 이 회의에서 채택된 CPA

(Comrehensive Plan of Action)은 난민 문제에 대한 새로운 접근법을 제시했다. 계획의 주요 내용은 ODP의 확대, 심사제도를 통한 난민 지위 결정, 그리고 난민으로 인정받지 못한 이들의 자발적 혹은 강제 송환이었다. 이는 사실상 제1수용국의 강경 방침을 국제사회가 승인한 것이며, 동시에 서구 국가들이 더 이상 대규모 재정착지를 제공할 수 없다는 현실을 반영한 것이었다.

이러한 상황에서 UNHCR은 제1수용국에 체류 중이던 보트피플의 본국 귀환이 강제 추방이 아닌 자발적 선택이 되도록 노력했다. 베트남 난민의 본국 귀환은 1989년 3월부터 시작되었는데, UNHCR은 베트남 정부와 양해각서를 체결하여 귀환자들의 신변 안전을 보장받고, 이들의 본국 정착을 위한 재정적 지원에 주력했다.

이런 국제적 흐름 속에서 한국 또한 제3국 재정착이 보장되지 않은 베트남 난민을 더 이상 수용하기 어려워졌고, 1989년부터는 이들을 공해상으로 추방하기 시작했다. 당시 부산 베트남 난민보호소에서 보호 중이던 300여 명의 난민들에게 재정착지를 주선해 줄 가능성은 점점 희박해져 갔다. 유엔을 비롯한 국제기구들도 확실한 해결책을 제시하지 못했고, 난민 정착을 희망하는 국가를 찾기도 어려운 실정이었다.

1992년에 이르러 UNHCR은 베트남 난민보호소에 남아 있는 인원들을 전쟁 또는 정치 난민으로 취급하기 어렵고, 제3국 정착도 사실상 불가능하다는 입장을 분명히 했다. 하지만 베트남으로 귀환하겠다는 난민은 없었고, 한국과 베트남이 수교를 맺은 후에도 베트남 정부는 이들의 송환을 요구하지 않았다. 이로 인해 한국 정부는 새로운 난민 수용 여부가 아닌, 재정착지를 찾지 못하고 남아 있는 난민들의 국내 정착 문제에 직면하게 되었다. 이런 상황은 한-베트남 수교와 맞물려 난민의 한국 정착에 대한 본격적인 검토가 이루어지는 계기가 되었다.

정부의 최종 결론은 향후 1~2년 이내에 베트남 난민보호소에 남아있는 잔여 인원 전원을 본국으로 송환하거나 제3국으로 '송출'하는 것이었다. 이 결정의 주된 이유는 이들의 국내 귀화가 현실적으로 어렵다는 판단 때문이었다. 이에는 다음과 같은 여러 요인이 작용했다.

먼저, UNHCR이 제공하던 연간 1억 5천5백만 원 규모의 난민 보호 기금이 중단될 예정이었다. 이로 인해 난민들의 국내 정착에 필요한 여러 지원 프로그램들을 위한 예산 확보에 심각한 어려움이 예상되었다. 특히 난민들의 생계 보호, 한국어 교육, 직업 훈련, 취업 알선 등에 필요한 재원을 마련하는 것이 큰 과제로 대두되었다.

또한 국가안전기획부의 평가에 따르면 난민보호소에 잔류 중인 난민들의 경우, 본국을 탈출할 당시의 정확한 신분 파악이 어려운 상황이었다. 이들의 전반적인 의식 수준이 한국 사회에 적응하기에는 낮다고 판단되어, 국내 정착이 상당히 곤란할 것으로 예측되었다.

이런 요인들로 정부는 난민들의 국내 정착보다는 본국 송환이나 제3국으로의 이주를 선호하게 되었다. 이는 단순히 난민 문제를 해결하기 위한 방편이 아니라, 한정된 자원과 현실적인 제약 속에서 난민들과 한국 사회 모두에게 최선의 결과를 도출하고자 하는 고민의 결과였다. 그러나 이러한 결정이 과연 난민들의 인권과 안전을 충분히 고려한 것인지, 그리고 국제사회의 난민 보호 원칙에 부합하는지에 대해서는 여전히 논란의 여지가 있었다.

이 파트에서는 [지도1]에서 보이는 것처럼 13년 동안 한국의 7개 해항도시로 들어와 부산 베트남 난민보호소에 머물렀던 베트남 난민 1,382명의 여정을 추적했다. 이들에 대해 UNHCR은 체제 비용뿐 아니라 관계국과의 교섭을 통해 제3국 재정착을 책임졌던 반면, 한국은 베트남 난민에 대해 제3국 송출 시까지 임시 보호라는 비교적 한정된 기능을 담당했다.

베트남 난민을 수용했던 부산의 베트남 난민보호소는 전형적인 '닫힌 캠프'였기에 베트남 난민과 한국 사회의 상호작용은 최소화될 수밖에 없었다. 이로 인해 베트남 난민에 대한 한국 사회의 관심과 관여는 소극적이었으며, 직접 교류의 양상도 매우 제한적이었다. 그러나 베트남 난민을 맞이하면서 한국 사회는 의식적이든 무의식적이든 새로운 변화를 경험했다. 특히 인도주의와 냉전은 2차 베트남 난민과 관련하여 한국을 변화시킨 중요한 키워드였다.

최초로 2차 베트남 난민이 존 A 메콘호를 타고 여수항에 입항했을 때부터 정부는 '순전히 인도적 고려에서' 이들이 원하는 제3국에 정착할 때까지 대한적십자사의 구호를 받을 수 있도록 했다. 인도주의라는 이름 아래 이들을 구호하기 위해 부산 베트남 난민보호소가 건립되었다. 인도주의적 대응은 정부 차원을 넘어섰다. 부산 베트남 난민보호소 마지막 입소자가 된 이들에 대한 몇 차례의 공해 추방과 입항 소식이 전해지자, 여론이 들끓기 시작했다. 인도주의와 비인도주의 논쟁은 베트남 난민으로 인해 생긴 한국 사회에서의 첫 여론이었다.

거문항 주변 주민들의 반대 시위와 함께, 인도적인 배려가 필요하지만 세계 3위의 인구 고밀도 국가인 한국이 난민을 계속 받아들이기는 감당하기 어려운 문제라며 이들을 다시 추방하더라도 최소한 생명의 지장이 없는 조치를 마련해야 한다는 논조가 보였다. 시민들의 의견으로는 적절한 법규가 없다거나, 좋지 않은 예를 남긴다거나, 현실적으로 어렵다고 해서 다시 이들을 추방하는 것은 비인도적인 처사라며 국내 수용이 바람직하다는 의견, 인도적 차원에서 일자리가 부족한 농촌에 정착시키자는 제안 등이 제시되었다.

인도주의에 대한 고려는 앞서 이야기한 2차 베트남 난민의 한국에서의 정착에 대한 지지에서도 주요한 논지가 되었다. 정부의 정책적 고려가 우선되었기에 베트남 난민에게 정착지를 제공하지는 못했지만, 인도주의의 영향은 지속되었다. 한국은 이를 계기로 1992년 12월 3일 '난민의 지위에 관한 협약'에 가입해 국제인도주의 체제에 편입되었다. 1994년부터 한국은 난민 신청을 받기 시작했으며, 2012년에는 아시아 최초로 독립적인 난민법도 만들었다. 다만 한국의 난민 인정률과 보호율은 OECD 국가 중 35위로 뒤에서 3번째에 머물러 있으나 제도적인 기반은 많이 완비된 셈이다.

한국의 베트남 보트피플 구호의 경험은 사실상 한국과 베트남 간 국교 단절기(1975~1992)에 이루어졌다. 베트남 난민은 베트남전쟁이라는 전쟁 뒤에 온 냉전의 산물이었다. 이는 자유 진영이 전쟁이 아닌 난민의 대향 탈출을 통해 체제의 우월성을 입증하려 했던 전략적 산물이었다. 그러나 냉전의 긴장기에 '초대받은 난민'이었던 베트남 난민은 해빙기가 되면서 골칫거리로 전락했다.

사회주의권 붕괴와 변화에 따른 반공산주의 열망의 약화, 베트남의 개혁 개방(도이머이, Đổi mới)과 캄푸치아 파견군 철수, 중국과 베트남 양국 관계의 정상화, 그리고 미국-베트남 관계 개선과 한국-베트남 수교는 해빙기에 일어난 주요 사건이었다. 이와 함께 세계적인 냉전체제의 붕괴는 베트남 난민에 대한 관심과 해석틀을 정치에서 경제로 이동시켰다. 이제 베트남 난민은 경제난민이라 불렸으며 이념 권역이 아니라 국민국가의 주체성이 더욱 강고해진 세계에서 이들은 떠났던 곳에 다시 속해야 하는 존재들이 되었다.

바다의 디아스포라인 보트피플은 국제적인 인도주의 실현의 모범적인 예임에도 불구하고, 국제 냉전이라는 맥락에서 과거 베트남전쟁과 사회주의 하의 베트남 통일이라는 군사 정치적 실패를 정치적 인도주의로 만회하려는 기회로 작용했다. 그러나 냉전 해체로 그 필요성이 없어지자 바로 외면되었다고도 볼 수 있다. 한국, 특히 해항 도시 부산은 2차 베트남 난민을 통해 냉전의 한 측면을 직접 경험하게 되었다.

part 3 문학의 렌즈로 본 베트남 난민

| 목숨을 걸고 작은 보트에 몸을 실어 바다를 건너는 베트남 해상 난민 '보트피플'의 모습 | [출처 : 위키피디아]

이 파트에서는 베트남 난민이 한국 문학에서 어떻게 묘사되었는지를 탐구한다. '보트피플'로 알려진 베트남 난민들은 1975년부터 약 20년간 전 세계적인 이슈였고, 한국 사회에서도 중요한 존재로 자리 잡았다. 1975년부터 18년 동안 약 3,000명의 베트남 난민이 한국에 들어왔으며, 이 중 약 500명이 한국에 정착했다. 해상에서 난민을 구조하고 부산의 난민보호소에서 이들을 돌보는 일, 그리고 문화와 민족이 다른 사람들을 받아들이는 일은 모두 한국 사회가 처음 겪는 경험이었다.

베트남 난민 문제는 한국의 베트남전쟁 참전 역사와 남북분단 상황에서 공산주의의 위협을 느끼던 한국 사회에 다양한 반응을 불러일으켰다. 이런 맥락에서 한국 문학은 베트남 난민이 처한 현실을 외면하지 않았다. 베트남 난민을 주요 소재로 삼은 문학 작품은 많지 않았지만, 이를 다룬 한국 문학의 전체적인 모습을 파악하는 작업은 필요했다. 여기서 말하는 한국 문학이란 한국어로 표현된 소설, 희곡, 영화 시나리오, 방송극 대본을 모두 포함한다. 이들 작품은 모두 언어적 재현 양식으로 표현되어 있어 한국 사회의 베트남 난민에 대한 이해와 해석을 담고 있었다.

이러한 맥락에서 이혜선 시인의 「호앙 티 비엣」은 베트남 난민의 실존적 고뇌와 미래에 대한 불확실성을 섬세하게 포착하고 있다:

'자매여.
10년 후의 너는 무엇인가.
저 미친 물길을 밟고 와서 잠든 나를 흔들어 깨운다.
잠든 나를 흔들어 깨우는 10년 후의 너는 무엇인가.
크고 아름다운 두 눈이 홍수에 잠겨 나를 울리고 있다.
찢어진 네 고국말로 새처럼 울리고 있다.'

이 시는 베트남 난민의 경험을 시적 언어로 승화시키며, 그들의 불안정한 현재와 불확실한 미래를 함축적으로 표현하고 있다. '미친 물길'은 난민들이 겪은 위험한 여정을, '잠든 나를 흔들어 깨우는' 행위는 과거의 기억과 현재의 현실 사이의 갈등을 상징한다. '찢어진 네 고국말'이라는 표현은 난민들의 정체성 혼란과 고향에 대한 그리움을 동시에 나타내고 있다. 이처럼 시적 표현을 통해 베트남 난민의 내면세계를 깊이 있게 탐구한 작품은 한국 문학에서 드물게 나타나는 귀중한 예시이다.

이혜선의 시와 더불어, 이 파트에서 다루는 베트남 난민을 주제로 한 한국 문학 작품은 약 6편 정도이다. 소설로는 『시간의 문』(이청준, 1982)과 「보트피플」(천금성, 1986), 영화 시나리오로는 「사랑 그리고 이별」(이희우, 1983), 「처녀 아리랑」(이종택, 1992), 희곡으로는 「제3의 신」(이청준, 1982), 방송극 대본으로는 「빨간 아오자이」(김혜린, 1992)가 있다. 이들 작품은 1982년부터 1992년까지 10년 동안 집중적으로 창작되었으며, 다양한 형태와 시각에서 베트남 난민을 다루고 있었다.

이 파트에서는 분석 대상인 6편의 문학 작품이 베트남 난민을 관계의 측면과 실존의 측면에서 다루고 있음을 살펴본다. 「사랑 그리고 이별」, 「처녀 아리랑」, 「빨간 아오자이」는 한국인과의 관계 속에서 베트남 난민의 존재 양상을 보여주며, 이를 6장에서 분석한다. 반면, 『시간의 문』, 「보트피플」, 「제3의 신」은 한국 사회와의 직접적인 관계보다는 베트남 난민의 실체와 실존적 존재를 묘사하고 있으며, 이에 대한 분석은 7장에서 다룬다. 이 파트를 통해 한국 문학에서 베트남 난민이 어떻게 재현되었는지 분명해질 것이다. 나아가, 베트남 난민을 둘러싼 역사적 사실이 어떻게 문학적 진실로 구현되었는지도 드러날 것이다.

6. 문학에서 드러난 베트남 난민의 관계성과 정체성

「사랑 그리고 이별」, 「처녀 아리랑」, 「빨간 아오자이」는 한국인과의 관계 속에 있는 베트남 난민을 주제로 다룬다. 이들 작품에서 묘사된 관계는 혼인과 혈연으로부터 시작해 가족의 이야기로 확장된다. 관계의 배경에는 세 가지 중요한 역사적 사건이 자리 잡고 있다. 세 작품은 모두 베트남 전쟁을 통해 시작된 만남, '월남 패망'으로 인한 이별, 그리고 보트피플로서의 재회라는 공통된 구조를 가지고 있다.

두 편의 영화 시나리오와 한 편의 방송극 대본에서, 이들 역사적 사건은 깊이 있는 성찰의 대상이라기보다는 주어진 운명으로 그려진다. 이 작품들은 역사적 배경 속에서 살아가는 개인의 삶과 인간 관계를 시각적으로 재현하는 데 중점을 두었다. 작품별로 세부 구성은 다르지만, 공통적으로 한국인 아버지와 베트남인 어머니를 중심으로 베트남 난민의 다양한 존재 방식을 구체적으로 묘사하고 있다.

이러한 접근 방식은 베트남 난민 문제를 개인의 차원으로 축소시킬 위험이 있으나, 거대한 역사적 사건 속에서 쉽게 간과될 수 있는 개인의 경험과 감정을 섬세하게 포착하는 기회가 되기도 한다. 작품들은 베트남 난민들의 삶을

한국 사회의 맥락 속에서 조명함으로써, 그들의 존재가 단순히 역사적 사건의 결과물이 아니라 복잡한 인간관계와 정체성의 문제임을 효과적으로 드러낸다.

또한, 이들 작품은 한국 사회가 베트남 난민을 어떻게 인식하고 받아들이는지에 대한 당대의 시각을 반영하고 있다. 한국인 아버지와 베트남인 어머니라는 설정은 한국 사회의 가부장적 구조와 인종적 위계질서를 암시하는 동시에, 문화적 충돌과 화해의 가능성을 탐색하는 장치로 활용되었다. 이로써 통해 작품들은 단순히 개인의 이야기를 넘어 한국 사회의 다문화 수용 능력과 그 한계를 간접적으로 드러내고 있다.

1) 혈연과 조국으로서의 한국인 아버지의 표상

아버지에 대한 표상이 가장 선명하게 드러난 작품은 「처녀 아리랑」이다. 이 작품에서는 아버지의 상징성은 시간의 흐름과 사건의 전개에 따라 점진적으로 발전한다. 이에 이 논의에서는 「처녀 아리랑」을 중심으로 하고, 「빨간 아오자이」를 보충 텍스트로 활용하여 한국 문학에서 묘사된 베트남 난민 아버지의 초상을 살펴보고자 한다.

「처녀 아리랑」의 주인공 영자는 아버지를 찾으려는 의지가 확고했다. 처음 배를 타고 베트남을 떠나 부산에 온 것도, 난민보호소를 탈출한 것도 모두 오지 않는 아버지를 찾기 위해서였다. 아버지를 찾는 것은 영자가 이곳에 존재하는 이유이자 목적이었다. 이러한 목적이 분명했기에, 영자는 결혼해 정착할 것을 권유한 농촌 총각 영철을 떠나 아버지 찾기를 본격적으로 시작했다. 이 여정은 영자에게 정체성을 찾는 문제이자 한국 사회에서의 위치를 인식하게 되는 과정이었으며, 동시에 그것으로부터의 탈출을 위한 또 다른 엑소더스였다.

서울로 올라간 영자는 변두리 다방에서 일하게 되면서 마도식을 만났다. 그와 얽히며 영자는 아버지를 찾아야 하는 이유가 더욱 구체적이고 명확해졌다. 무국적 상태의 영자는 당국에 신고될 경우 추방당한다는 협박을 받아 성적 미끼가 되어야 했다. 이런 상황에서 그녀가 찾은 해결책은 "아버지를 찾으면 돼"였다. 아버지를 찾는 일은 국적을 찾는 길이며, '떳떳한 한국인'이 되고 싶은 희망을 이루는 길이었다. 아버지는 영자가 한국 사회의 일원으로 인정받을 수 있는 유일한 통로였기에, "이십년이 훨씬 지난 시점에 제 자식이라고 선뜻 받아주는 아버지는 거의 없다"는 마도식의 비웃음에도 "우리 아버지는 달라"라고 항변할 수 있었다. 그러나 아버지를 통해 얻을 수 있는 한국인으로서의 외형적 자격마저도 보잘 것 없다는 것을 다음 만남에서 깨닫게 됐다.

영자는 상철의 아버지를 만나기 전까지 고학생 상철과의 진정한 사랑으로 그동안의 상처를 치유하는 듯했다. 상철은 부유한 기업가의 아들이었으나, 그의 아버지는 한국 사회와 문화를 대변하는 인물로서, 사랑 이외에도 가문과 사회적 지위에 따른 전통과 의무가 있음을 강조했다. 상철의 아버지는 "내 자식이 국적도 없는 여자와 결혼했다고 생각해 봐요. 세상 사람들이 우리를 축복해 줄까요?"라며 영자를 단념시키려 했다. 여기서 말하는 '국적'은 단순히 국가 소속만이 아닌 사회적, 문화적, 민족적, 계층적 의미를 포함했다.

이러한 서사는 베트남 난민의 정체성 문제를 다루면서도, 한국 사회의 배타성과 계층 의식을 날카롭게 비판했다. 영자의 아버지 찾기는 단순한 혈연관계의 회복을 넘어, 한국 사회에서의 인정과 수용을 갈망하는 상징적 행위였다. 하지만 그 과정에서 드러난 한국 사회의 모습은 난민에 대한 이해와 포용보다는 배제와 차별의 현실을 여실히 보여준다. 이는 당시 한국 사회가 다문화 수용에 있어 얼마나 미숙했는지를 반영하는 동시에, 이방인을 바라보는 시선의 복잡성을 드러내고 있다.

영자는 상철의 아버지의 논리를 두 가지 방식으로 거부했다. 첫째, 그녀는 사회문화적, 민족계층적인 경계는 운명의 장난과 같은 우연에 의해 결정된다는 점을 은유적으로 보여주었다. 이는 상철 아버지의 요구에 따라 상철을 떠날지를 동전 던지기로 결정하는 행위를 통해서였다. 둘째, 그녀는 동문서답을 하면서 질문을 던졌다. 그녀는 자신의 죄가 베트남에서 태어난 것이라고 말하며, 이름도 피도 모두 한국인 아버지에게 받았음을 주장했다. 그리고 "나는 누구입니까? 베트남인입니까? 한국인입니까?"라고 물었다. 이 질문은 이제까지의 '아버지를 찾으면 된다'는 주제를 대체하며 반복된다.

　이 지점부터 영자의 정체성 문제는 그녀 스스로 확립할 수 없으며, 다른 이들에 의해 규정되는 속성을 지니게 되었다. 한국인 아버지에게서 받은 한국인으로서의 자기 정체성은 한국 사회의 인정없이는 사회적 정체성으로 발전할 수 없었다. 상철의 아버지가 에둘러 표현한 것은, 후에 다시 만난 마도식을 통해 직설적으로 드러난다. "한국은 한 핏줄을 원해" 영자와 같은 "잡종은 아버지라도 받아 줄 수 없어"라는 것이었다. 이로써 아버지로 표상되는 조국은 혼혈이라는 문제 때문에 영자를 수용할 수 없다는 것이 명백해졌다. 이러한 단일 민족 국가에서 혼혈의 씨를 뿌릴 수 없다는 비유는, 영자가 씨받이로 들어간 집안의 어머니와 아들이 '혼혈인'의 자식을 낳을 수 없다며 그녀를 쫓아내는 장면을 통해 재차 강조된다. 자신이 조국이라고 생각한 이곳이 자신을 받아주지 않을 것이며, 그 원인이 어찌할 수 없는 피의 혼종에서 비롯됨을 깨달은 영자는 아버지 찾기를 포기하며 심신이 피폐해졌다.

　마침내 영철에 이끌려 만난 아버지는 이미 세상을 떠난 지 오래였다. 아버지를 찾았으나, 이미 존재하지 않게 된 아버지로 인해 영자는 혈연도, 국적도, 조국도 없이 한국 사람이 아닌 상태로 남아야 했으며, 이는 곧 죽음을 의미했다. 결국, 「처녀 아리랑」에서 아버지가 표상하는 것은 혈연, 국적, 조국, 그리고 한국이었다. 그의 사라짐과 함께 이러한 표상의 의미도 함께 소멸되었다. 마지막 장면에서 영자가 아버지의 무덤에서 따뜻함을 느끼며 죽는 설정은 그녀가 한국인임과 동시에 아버지의 죽음과 함께 사라져야 하는 존재임을 보여주었다.

이러한 결말은 베트남 난민의 정체성 문제를 극단적으로 드러내면서, 한국 사회의 배타성과 단일민족 이데올로기의 한계를 날카롭게 비판한다. 영자의 죽음은 단순한 개인의 비극을 넘어, 다문화 사회로의 전환기에 놓인 한국 사회의 모순과 갈등을 상징적으로 보여준다. 아버지의 존재와 부재를 통해 혈연, 국적, 민족 정체성이라는 복잡한 문제를 다루며, 이는 단순한 법적 지위의 문제가 아니라 사회적 인정과 수용의 문제임을 강조한다. 따라서 「처녀 아리랑」은 베트남 난민의 서사를 통해 한국 사회의 깊은 곳에 자리 잡은 배타성과 차별의 구조를 폭로하고, 이에 대한 성찰을 요구하는 작품으로 해석된다.

아버지의 표상이라는 면에서 볼 때, 「빨간 아오자이」에서 묘사된 국회의 아버지는 영자의 아버지와 다르게 보다 현실감 있는 존재로 그려진다. 그는 전쟁 시기에 베트남에 일하러 갔던 기술자로, 베트남에서 결혼한 후 한국에서도 가정을 꾸린 인물이었다. 1975년 4월 사이공이 공산군의 수중에 들어갈 무렵, LST함에 타고 온 대부분의 유연고 베트남 난민은 한국인과 결혼해 자녀를 두고 있었으며, 한국인 남편들은 일정 기간 베트남에서 기술자나 노동자로 일했던 사람들이었다.

「처녀 아리랑」의 영자에게 아버지는 만나야 하는 미래의 존재였다면, 국희에게 아버지는 잊어야 하는 과거의 존재였다. 한국에서 새로운 가정을 꾸린 아버지는 국희에게 어머니의 사랑과 혈육을 버린 인물이며, 조국이나 국적을 기대할 수 없는 대상이었다. 이는 당시 베트남 난민이 직면했던 상황을 매우 전형적으로 드러냈으며, 당시 신문에서도 비슷한 사례가 많이 보도되었다.

「빨간 아오자이」에서 마침내 아버지는 자신의 모습을 드러냈고, 딸인 국희는 과거의 아버지와 대면하게 된다. 이 작품에서 아버지가 표상하는 가장 중요한 핵심은 한국과의 화해라고 할 수 있다. 국희에게 한국 사회는 혼혈이라는 이유로 자신을 아웃사이더로 만들고 사랑도 허용하지 않아 떠나기로 결심한 공동체였다. 그러나 어머니의 유언으로 국희가 아버지를 만나게 되면서 서서히 미움과 증오를 풀고 그의 '무책임'을 이해하게 된다.

아버지는 동두천 변두리에서 구멍가게 주인으로 초라한 모습이었다. 베트남에서의 사고로 한쪽 팔을 잃어 불구가 된 아버지를 보면서, 국희는 그가 피해자라는 생각이 들었다. 이를 통해 한국이 무지막지한 가해자가 아니라 초라한 또 다른 피해자였음을 자각하게 되었다. 한국과 베트남의 유사성은 동두천 거리의 미국 병사들과 함께 있는 한국 여자들의 모습에서 더욱 강화된다.

「빨간 아오자이」에서 아버지의 존재는 그가 흘리는 회환의 눈물과 함께 중요한 의미를 가졌다. 「처녀 아리랑」과는 달리 초라하지만 생존해 있는 아버지는 눈물로 과거를 사과했고, 이를 통해 국희는 혈육의 정을 회복하고 조국과도 화해하게 되었다. 나아가 국희는 영자가 이루지 못한 결혼을 통해 최종적으로 한국인으로서 인정받으며, '떳떳한 한국인'이 되었다.

한편 한국-베트남 2세에게 아버지가 표상되는 방식에서 일정한 차이나 발전을 볼 수 있다는 점에서 오현미의 장편소설 『붉은 아오자이』를 살펴볼 필요가 있다. 이 작품은 「빨간 아오자이」와 비슷한 설정이 많이 등장하지만, 주인공 단홍(베트남어 탄홍)과 그녀의 어머니는 보트피플이 되어 아버지가 있는 한국으로 오지 않았다는 점에서 크게 다르다. 이들은 애초부터 아버지를 통해 국적이나 조국을 구할 이유가 없었으며, 스스로도 한국 사람이 아니라고 생각했다. 그럼에도 아버지와의 화해 문제는 여전히 남아있었다.

성공한 사업가가 된 아버지가 어머니의 49제에 대해 정성을 다하고, 한국에서 산업 연수를 받으며 일하는 단홍의 미용실에 자주 방문하며 따뜻한 배려를 보여주었고, 이 과정에서 단홍은 혈육의 정을 느끼게 된다. 어머니가 임종시 아버지를 미워하지 말라는 부탁이 화해의 촉매가 되었다. 베트남에서 라이따이한(Lai đại Han/ 豫大韓)으로 불린 단홍은 한국에서 '혼혈인'으로 불렸던 영자나 국희와 비슷한 어려움을 겪었지만, 아버지의 무게감은 훨씬 덜했다.

이러한 작품들은 통해 우리는 베트남전쟁과 그 후유증이 한국 사회에 미친 영향, 그리고 그 과정에서 발생한 복잡한 가족 관계와 정체성 문제를 보여준다. 특히 아버지의 존재와 그 상징상은 단순한 가족 관계를 넘어 국가, 민족, 정체성이라는 더 큰 맥락에서 중요한 의미를 갖는다. 이는 한국 사회의 다문화 사회로의 변모 과정에서 나타난 갈등과 화해의 과정을 반영하며, 더불어 개인의 정체성 형성에 있어서 가족과 사회가 미치는 영향을 보여주는 중요한 문학적 증거이다.

2) 문화적 접점으로서의 베트남인 어머니의 형상

한국 사회와 직접적인 연관을 가진 베트남 난민은 하나의 문화적 '접점'이었다. 이러한 문화적 접점은 문화의 이질성과 동질성이 가장 활성화되는 지점이며, 베트남인 어머니와 한국-베트남 2세는 바로 이 지점에 위치했다. 이들은 문화의 갈등과 포용을 대변했는데, 한국 문학은 한국-베트남 2세를 통해 '피'와 민족의 이름으로 문화 갈등과 다름을 보여 준 반면, 베트남인 어머니를 통해서는 화해와 문화 동질성을 드러내고자 했다.

앞 절에서는 '혼혈인' 딸이 넓은 의미의 한국 문화 속에서 갈등을 겪고 정체성을 찾아가는 모습을 아버지의 표상을 살펴보았다. 「처녀 아리랑」과 「빨간 아오자이」의 딸들은 어머니에게서 받은 아오자이를 통해 자신의 문화 정체성을 표현한다. 이들은 베트남전쟁의 포화, 사이공 함락 당시의 혼란, 부산 베트남 난민보호소에서의 생활을 회상하면서 아버지와 어머니의 만남과 이별, 한국과 베트남 간의 관계를 생생하게 재현한다. 그러나 한국 사회에 난민으로 진입한 순간, 아오자이의 상징성을 제외하면 이들의 문화적 코드는 철저히 무시되며, 결국 피의 혼종이라는 사실과 인정과 동화를 향한 욕구만이 표현된다.

「처녀 아리랑」에서, 한국 사회는 오랜 전통과 기득권을 바탕으로 새로운 문화 요소를 배척한다. 영자가 체현하고 있는 문화의 내용은 중요하지 않았으며, 단일민족이라는 문화에 이질적인 혼혈의 유입 가능성만으로도 그녀는 배척되기에 충분했다. "나는 한국인이에요"라는 말이 대변하듯, 특히 영자는 한국 사회에 동화되고자 하는 의지를 드러내는데, 이는 다른 방식으로 존재하는 것이 허용되지 않는 사회에서 살아남기 위한 유일한 방법이었다. 이는 당시 한국 사회가 타문화 요소에 대해 강력한 동화를 요구했던 모습을 반영한다고 할 수 있다.

이러한 이유로 베트남 난민을 다룬 작품에서 베트남의 문화나 난민의 실체에 접근하기 어려웠다. 보편적이고 이상적인 문화적 접점으로서의 어머니만은 발견할 수 있었을 뿐이다. 어머니의 서사는 한국과 남편에 대한 믿음과 충실, 그리고 자식을 위한 희생으로 요약된다. 고병철은 『붉은 아오자이』에 대한 한 글에서는 "이 소설에서 라이따이한이라는 소재 이외에 특이할 만한 사항을 발견하기는 매우 어렵다… (이) 소설 전반에 대해 '왜 베트남인가?'라는 의문을 던지게 한다… 베트남전이라는 거대 서사에 '빚을 지고 있는' 이 소설이 부채를 상환하지 않고 가족 공동체라는 전형적이고 보편적인 틀로 소설을 만든 것은 작지 않은 문제이다."라고 지적했다. 반면 이 소설이 기존의 베트남전쟁 소설과 확연히 구별되는 독특한 서사적 특징은 용서와 화해라고 꼽았다. 그러나 난민이 된 어머니의 특수성은 남베트남 패망의 서사를 함축한다는 점에 있을 뿐이었으며, 2세가 혼혈인 문제로 극소화되었듯이 어머니는 망국의 문제로 축소되었다.

이와 같은 문학적 재현은 한국 사회가 베트남 난민과 그들의 문화를 어떻게 인식하고 받아들였는지를 보여준다. 동화와 배제의 경제에서, 한국 사회는 베트남 난민의 존재를 의식하고 인정했지만, 그들의 문화적 특수성을 제대로 이해하거나 받아들이는 데 한계를 드러냈다. 이는 한국 사회의 다문화 수용 역량의 부족을 드러냄과 동시에, 문학이 이러한 사회적 현실을 비판적으로 성찰하고 재현했음을 나타낸다. 결과적으로, 이러한 작품들은 한국 사회가 직면한 문화적 다양성의 문제와 그에 대한 대응 방식을 깊이 있게 탐구하는 계기를 제공하고 있다.

처녀 아리랑」과 「빨간 아오자이」에서 어머니는 아버지의 모국이자 물론 딸의 조국이 될 한국에 대해서도 변함없는 사랑과 믿음을 가지고 있다. 뿐만 아니라 어머니의 이러한 믿음은 아버지와 딸의 만남과 화해로 인도하는 길이

된다. 자식에게 아버지와 조국을 찾아주기 위해 난민이 된 어머니가 가지고 있는 또 하나의 공통점은 죽는다는 데에 있다. 한국의 문학 작품에서 베트남 어머니는 제거되도록 설계되어 있다. 그 이유는 세 가지로 볼 수 있다. 첫째, 베트남 어머니는 한국의 가족 문화에서 가족 해체를 비롯해 여러 문화적 갈등을 야기할 수 있는 요소인데다가 이질적인 잉여적인 존재이다. 둘째, '혼혈아' 자식이 한국 사회와 가족에 완전히 편입될 수 있도록 하기 위한 희생물이다. 셋째, 남베트남 패망으로 인해 이미 어머니는 죽은 존재로 상정되기 때문이다. 이러한 어머니의 표상을 가장 잘 드러내고 있는 작품은 「사랑 그리고 이별」이다. 이 작품의 레뚜이를 통해 「처녀 아리랑」과 「빨간 아오자이」에서는 중심적으로 다루어지지 않았던 베트남 어머니의 초상을 보다 명확하게 그려낼 수 있다.

「처녀 아리랑」과 「빨간 아오자이」, 그리고 『붉은 아오자이』의 어머니들과는 달리 「사랑 그리고 이별」의 레뚜이는 직접적으로 아들(철수)을 아버지와 한국에 귀속시키는 역할을 한다. 레뚜이의 첫 번째 시도는 실패로 끝난다. 레뚜이는 남베트남 패망 후 난민이 되어 방콕의 수용소에서 철수를 낳은 후 우여곡절 끝에 약혼자 영민을 찾아, 한국으로 왔지만, 영민이 결혼을 앞두고 있다는 사실을 알게 된다. 이에 레뚜이는 자신을 드러내지 않기로 결심한다. 레뚜이는 나라를 지키지 못한 자신이 사랑을 찾고 지키려 한다는 것이 부질없다고 느꼈고, 나라와 부모, 이웃을 잃고 방황하는 민족의 일원으로서 자존심만이 자신을 지킬 수 있는 유일한 방패라고 여겼다. 이러한 선택은 영민의 행복과 또 다른 여인의 불행을 모두 막을 수 있는 길이라 판단한 결과였다. 망국의 국민이라는 비극적 운명과 결혼이라는 제도 앞에서 사랑을 포기한 레뚜이는 지고지순한 여인으로 묘사된다. 하지만 그녀는 자식을 새로운 정체성 안에 안착시키며, 어머니로서의 역할을 통해 자신의 존재 가치를 드러낸다.

이러한 문학적 재현은 한국 사회의 베트남 난민, 특히 베트남 어머니에 대한 인식을 보여준다. 어머니의 죽음이나 제거는 단순한 플롯 장치가 아니라, 한국 사회의 동화 압력과 문화적 순수성을 향한 집착을 반영한다. 이는 다문화 사회로의 전환기에 있는 한국 사회의 불안과 갈등을 드러내는 동시에, 베트남 난민의 정체성과 문화가 한국 사회에서 어떻게 협상되고 재구성되는지를 보여준다.

이들 작품은 베트남전쟁의 후유증과 인간적 비극을 개인의 삶을 통해 조명함으로써, 역사적 사건이 개인의 삶에 미치는 영향을 섬세하게 포착했다. 특히 어머니 캐릭터를 통해 전쟁의 피해자이자 새로운 삶을 위해 희생하는 여성의 모습을 그려냈다. 이는 한국 문학이 베트남전쟁과 그 여파를 다루는 새로운 시각을 제시했다.

4년 후, 우연히 타이베이에서 영민을 만난 레뚜이는 할 수 있는 것이 거의 없었다. 이는 영민의 결혼이 변할 수 없는 사실이었기 때문이다. 그러나 레뚜이는 이번 만남을 아들에게 아버지를 찾아주라는 신의 계시라고 믿으며 자신의 생존 의미를 여기에 두었다. 레뚜이는 자신이 사이공의 패망과 함께 죽은 목숨이며, 아들을 아버지에게 보낼 때까지만 의미 있는 존재라고 여겼다. 마침내 아들에게 아버지를 찾아준 그녀는 흰 아오자이를 입고 자살한다.

레뚜이의 자살에는 삶의 가장 중요한 의미이자 희망인 아들을 떠나보내야 하는 좌절이나 상실감보다는, 아들을 한국 사회의 구조 속에 온전히 안착시키고자 하는 강한 욕구와 망국이라는 운명의 굴레를 벗어나고자 하는 탈출구로서의 의미가 내재되어 있다. 베트남 어머니는 한국의 어머니를 가지게 된 철수에게는 잉여이자 방해물이었으며, 망한 국가의 잔여물이었다. 레뚜이는 마지막 편지에서 윤희에게 "이제 철수는 부인의 아들입니다."라고 선언한다. 그녀가 철수를 아버지에게 보낸 것은 이유는 '뿌리 없는 사람'으로 자라게 할 수 없고, 아버지 나라인 한국에서 그가 행복하고 훌륭하게 살 수 있다고 믿었기 때문이었다.

「사랑 그리고 이별」의 어머니는 한국의 가부장적 의식을 베트남 난민 어머니에게 투영한 모습이다. 따라서 베트남 난민을 다룬 문학 작품에서 드러난 것은 망국의 가장 힘없는 어머니의 초상일 뿐이다. 레뚜이는 전쟁에 지고 나라를 잃어서 자식과도 헤어져야 했으며, 고혼이 되어서도 고향 사이공에 가서 영혼이 된 가족을 만나 망국의 한을 풀어보고 싶어한다.

이러한 이야기는 당시 신문을 통해 널리 알려져 있었다. 그러나 베트남 난민을 소재로 한 문학 작품의 절반인 위 세 편이 이를 다루고 있지만, 전체 베트남 난민 중 한국 사회와 이러한 관계성을 가진 이들, 즉 한국인 아버지를 두고 있는 2세나 아버지가 한국인인 자식이 있는 베트남 난민의 수는 사실 많지 않았다. 이들은 대부분 1975년 4월 LST함에 구조되어 부산에 도착한 이들로, 약 650여 명 정도였다. 그러나 이들 중 한국인 세대주를 동반하지 않은 이들로 한국에 일시적으로나 영구적으로 정착한 이들은 200여 명에 지나지 않았다. 이에 비해 LST함으로 부산에 들어온 베트남 난민은 1,557명이었다. 베트남 난민이 유입한 지 10년이 되는 시점에는 400여 명으로 추정됐다. 이 기간 동안 부산 베트남 난민보호소에 입소한 베트남 난민 수는 약 2,300여 명에 달했다.

한국에 들어와 난민보호소에서 수년을 보낸 대다수의 베트남 난민(유연고난민에 대해 순수 베트남 난민이라고도 불리던)은 우리의 문학에 그 어떤 흔적도 남기지 못했다. 우리의 문학은 이들을 다루지 않은 채 남중국해 해상에서 표류하고 있던 베트남 보트피플에게 시선을 돌렸다.

이러한 문학적 재현의 편향성은 한국 사회가 베트남 난민 문제를 어떻게 인식하고 다루었는지를 보여준다. 문학은 실제 한국에 머물렀던 난민의 다양한 경험과 삶보다는 한국인과의 관계성을 중심으로 한 이야기에 집중함으로써, 베트남 난민의 복잡한 현실을 단순화하고 왜곡했다. 이는 한국 사회의 제한적인 다문화 수용 능력과 난민에 대한 이해 부족을 반영하는 동시에, 문학이 사회적 현실을 재현하는 데 있어 지닌 한계와 책임을 보여준다. 결과적으로, 이는 베트남 난민에 대한 정형화된 이미지를 강화하고, 그들의 실제 경험과 목소리를 간과하게 만들기도 했다.

7. 해상 난민 구조와 구원의 문학적 증언

베트남 난민 문제는 한국 사회와 문학계에 깊은 반향을 일으켰다. 이 장에서는 이 문제를 직접적으로 다룬 세 편의 주요 작품, 이청준의 『시간의 門』과 「제3의 신」, 그리고 천금성의 「보트피플」을 중심으로 분석한다. 이 작품들은 베트남 난민을 한국 사회와의 관계성보다는 그들 자체의 존재와 경험에 초점을 맞추어 묘사했다는 점에서 특별한 의의를 지닌다.

이 세 작품을 관통하는 핵심 주제는 '구조와 구원'이다. 이는 단순히 물리적인 구조 행위를 넘어서는 개념으로, 난민의 실존적 상황에 대한 깊은 이해와 인간성 회복의 노력을 포함한다. 각 작품은 이 주제를 서로 다른 차원에서 다음과 같이 탐구한다.

(1) 「보트피플」은 남중국해에서의 실제적인 인명 구조를 다룸으로써 가장 직접적인 형태의 '구조'를 보여준다.

(2) 『시간의 門』은 난민의 비극을 목격한 동시대인의 윤리적 책임과 정신적 구원을 탐구한다.

(3) 「제3의 신」은 극한의 상황에 처한 난민들의 자기 구원 방식을 조명한다.

이러한 접근은 베트남 난민 문제를 단순한 사회적 현상이 아닌 인간의 존엄성과 실존적 가치에 대한 깊은 철학적 질문으로 승화시킨다. 이는 동시에 한국 사회와 문학이 이 문제를 어떻게 인식하고 수용했는지를 반영한다.

이러한 맥락에서 여기에서는 이 작품들을 '베트남 난민에게 말 걸기'와 '베트남 난민의 말 듣기'라는 두 가지 범주로 나누어 분석한다. 이러한 구분은 난민을 단순한 구조의 대상이 아닌, 대화와 이해의 주체로 인식하는 태도의 전환을 의미한다. 또한 이는 난민과의 관계 설정에 있어 상호작용과 소통의 중요성을 강조하는 것이다.

앞으로의 논의에서는 각 작품을 세밀히 분석하며, 이들이 베트남 난민의 실존적 상황을 어떻게 묘사하고 있는지, 그리고 이를 통해 한국 사회와 문학이 어떤 윤리적, 철학적 질문에 직면하게 되었는지를 살펴볼 것이다. 그리고 이 작품들이 제시하는 '구조와 구원'의 다층적 의미를 탐구하며, 이것이 현대 한국 사회의 난민 인식과 수용에 어떤 시사점을 제공하는지도 고찰할 것이다.

이러한 분석을 통해, 우리는 베트남 난민 문제가 한국 문학에 미친 영향과 그 문학적 재현의 의의를 보다 깊이 이해할 수 있을 것이다. 나아가 이는 현재 진행형인 글로벌 난민 문제에 대한 우리의 인식과 대응을 재고하는 계기가 될 수 있을 것이다.

1) 베트남 난민에게 말 걸기
— 「보트피플」과 『시간의 門』

베트남 난민의 목소리가 한국 문학에 본격적으로 울려 퍼지기 시작한 작품은 「보트피플」과 『시간의 門』이다. 이 작품들은 오랫동안 침묵을 강요당했던 베트남 난민들에게 은유적으로 "말을 걸었다"고 볼 수 있다. 앞서 살펴본 세 편의 작품에서 베트남 난민들은 갑작스럽게 한국 가정과 사회에 들어온 '초대받지 않은 손님'으로 그려진다. 그들은 영자의 입을 빌려 "나는 한국인입니까? 베트남인입니까?"라는 끊임없는 정체성의 질문을 던졌다.

이러한 예기치 않은 상황에 직면한 한국 사회는 당혹감을 감추지 못했다. 한국 사회는 이 질문에 대한 명확한 답변 대신, 베트남 난민들을 '혼종'이라는 모호한 이름으로 밀어내고 '망국'이라는 낙인을 찍어 그들의 목소리를 침묵시켰다. 문학 작품 속에서도 이들은 단일민족 이데올로기와 가족 중심주의, 그리고 망국에 대한 두려움이라는 틀 안에 갇혀 있었다. 이는 「빨간 아오자이」, 「처녀 아리랑」,

「사랑 그리고 이별」과 같은 작품들이 다룬 베트남 난민들이 한국인과 공식적 또는 비공식적인 가족 관계를 맺고 있었기 때문이기도 했다.

그러나 1975년에 한국 사회에 정주했던 유연고 베트남 난민과는 많은 면에서 다른 보트피플이 한국 문학의 시야에 들어오면서 상황이 달라졌다. 자력으로 구한 작은 배에 의지해 무작정 베트남을 탈출해 바다로 나온 보트피플이 1977년 베트남과 중국 간의 갈등이 고조되면서 급격히 증가했다. 이 처절한 탈출의 물결은 이 후 15년 동안 끊임없

| 시간의 문, 이청준 소설집 |
[중원사, 1982]

| 시간의 문, 이청준 소설집 |
[중원사, 1993]

이 이어졌다.

한국 문학이 베트남 난민과 진정한 소통을 시작하는 계기가 된 작품이 단편소설 「보트피플」이다. 이 작품은 구조의 손길을 뻗어 베트남 난민에게 직접적으로 말을 건넨다. 1986년 5월 『동서문학』에 실린 이 작품은 후 1994년 해성출판사의 『이상한 바다』에 수록된 이 작품은 원양어선의 항해사와 선장 경험을 가진 작가가 난민 구조 상황을 생생하게 묘사함으로써, 독자들에게 난민들의 위급한 현실을 전달한다.

1977년부터 1989년까지의 기간 동안, 한국 국적 선박 11척이 430명의 보트피플을 해상에서 구조해 부산, 인천, 여수 등의 항구에 입항했다는 기록이 당시 신문에서 확인된다. 이런 실제 구조 경험을 바탕으로 한 「보트피플」의 서사는 사실에 깊이 뿌리를 두고 있다. 특히 구조 선박이 표류중인 난민선을 발견하게 되는 경위를 미국 초계기의 제보와

ㅣ이청준의 '시간의 문'
표지 ㅣ [열림원, 2000]

구조 요청으로 설정한 것은 당시의 실제 상황을 반영한 것이었다.

작품에 나타난 베트남 난민들의 상황은 당시 보트피플의 전형적인 모습이다. 5~10여 톤 규모의 소형 선박을 타고 기관 고장으로 수십 일간 표류하는 모습과 조국을 등지고 탈출을 선택한 이들의 처지가 잘 드러난다. 해상에서의 구조 작업 자체는 비교적 수월하지만, 난민들을 받아들일 국가를 찾는 과정에서 여러 항구에서 거부당하며 힘겨운 기다림을 견뎌야 한다는 현실도 사실적으로 그려진다.

구조된 난민들이 한국을 은인으로 여기며 감사를 표현한 것, '따이한'(대한민국)이 자신들을 위해 흘린 피와 숭고한 희생을 찬양했다는 점 역시 당시의 전형적인 반응을 보여준다.

「보트피플」에 나타난 동백호의 베트남 난민 구조 과정에서는 작가는 세 가지 주요한 의미가 드러난다. 첫째, "월남 패망 후 10여 년이 지났음에도 왜 아직도 남중국해에는 조국을 탈출해 자유를 찾고자 하는 난민들이 표류하고 있는가?"라는 의문에 대한 해답이 제시된다. 이 작품은 난민들의 탈출 이유, 구조 과정과 의미를 상세히 기술한다.

이 과정은 조국의 패망, 공산화, 사회 혼란, 자유의 박탈과 감시, 배급제도, 암시장, 공포, 지옥 같은 현실, 그리고 최종적인 탈출 결심으로 이어진다. 이러한 요소들은 당시 한국 사회가 베트남 난민의 경험을 통해 얻고자 한 교훈이 된다.

둘째, 구조 행위의 의미가 새롭게 조명된다. 「보트피플」에서 난민 구조는 단순한 인명 구조를 넘어 자유를 선사하는 숭고한 행위로 그려진다. 한국은 베트남전쟁에서 월남의 자유를 위해 싸웠듯이, 이제는 베트남 난민을 구조함으로써 그들의 생명을 구원하고 자유를 되찾게 해주는 역할을 맡는다. 이러한 맥락에서 1등 항해사가 구조된 난민들에게 "당신들은 이 세상에서 그토록 갖고 싶어 하던 '자유'를 찾으셨습니다."라고 선언한 장면은 큰 의미를 갖는다.

셋째, 보트피플 구조 행위는 '살기 좋은' 한국과 한국인의 자긍심을 재확인하는 계기가 된다. 이러한 자부심은 자유를 갈망하는 베트남 난민들이 구조한 나라, 확고한 국가관으로 공산주의에 반대한 작중 인물 김대룡과 같은 군인이 있는 나라, 그리고 세계에서 세 번째로 긴 피낭대교 건설에 참여하는 한국인 기술진과 그 철재를 운반하는 동백호의 모습을 통해 구체화된다.

실제로 현대건설의 1982년부터 1985년까지 진행한 13.5 km 길이의 피낭대교 건설 프로젝트는 당시 한국의 기술력과 국제적 위상을 보여주는 상징적인 사례가 된다.

「보트피플」이 자유를 지키지 못해 패망한 나라의 백성들의 모습을 통해 우리와 그들 사이의 거리감을 부각시키며 한국인의 자유와 자긍심을 확인하는 역할을 했다면, 『시간의 門』은 이와는 다른 방식으로 접근한다. 이 작품은 베트남 난민의 참상에서 인간의 보편적 비극을 발견하고, 난민과의 거리를 좁히는 과정을 통해 난민을 목격하는 이의 자기 구원 문제를 다룬다.

『시간의 門』에서 시도하는 베트남 난민과의 소통은 두 가지 방식으로 나타난다. 첫째는 그들의 모습을 사진에 정확히 담아 기록하는 작업이고, 둘째는 다른 하나는 난민선에 직접 다가가 시공간을 공간에서 것이다. 이러한 접근은 단순한 관찰자의 시선을 넘어, 난민들의 현실에 깊이 공감하고 동참하려는 노력을 보여준다.

『시간의 門』의 주인공에게서 나타나는 중요한 내적 변화는 소극적인 자기실종의 욕망에서 시작하여 적극적인 자기실현으로, 그리고 궁극적으로는 인간과의 진정한 관계 맺음에 대한 희망으로 이어진다. 이러한 변화는 베트남전쟁 특별취재를 계기로 본격화되고, 이는 사람들의 얼굴이 담긴 사진들로 구체화된다.

주인공은 전쟁터에서 마주한 충격, 악몽, 고통, 절망의 얼굴들과 대면하게 된다. 비록 사진을 찍는 사람과 찍히는 사람, 대상과 자신 사이에 여전히 물리적, 심리적 거리가 존재했지만, 이는 그의 변화를 막지 못한다. 보트피플의 참상을 목격하지 않았다면, 주인공 유종열은 아마도 가족과 직업이라는 안전한 테두리 안에서 타협하며 평범하고 현실적인 삶을 살았을 것이다. 그러나 그는 비극의 얼굴들과 마주하면서 그는 실존적 존재로서의 결단을 내리고 행동에 나섰다.

『시간의 門』에서 사진작가의 변화로 상징되는 베트남 난민과의 소통은 베트남전쟁과 보트피플이라는 사건을 통해 중요한 전환점을 맞이한다. 이 작품은 베트남전쟁과 베트남 난민 문제의 불가분성을 전제로 하면서도, 단순히 역사적 관점에서의 관련성이나 연속성에 초점을 맞추기보다는 이 두 사건을 '비극의 초상'이라는 관점에서 연관 지었다. 즉, 비참한 인간 실존이라는 측면에서 베트남전쟁과 보트피플 사태를 동일선상에 놓음으로써, 역사적 사건을 넘어 인간 존재의 본질적 문제를 탐구한다.

소설 속 사진작가는 전쟁과 난민의 비극을 직접 마주하며, 인간 실존의 극단적인 순간들을 사진에 담아낸다. "포탄에 몸이 찢긴 병사의 신음과 절규. 굶주림 속에 쫓기는 피난민들의 참상. 사신의 모습처럼 검붉게 치솟아 오르는 화염의 위세와 공포… 그런 사진들의 주제는 물론 한결같이 인간의 삶과 죽음의 얼굴이었다."(247쪽) 그의 렌즈는 단순히 기록의 도구가 아니라, 전쟁터와 바다 위에서 드러나는 비참한 얼굴들을 통해 인간 존재의 본질을 드러내는 통로가 된다.

망망대해 위에 떠 있는 난민선의 모습도 예외는 아니다. "망망대해의 파도 위에 떠 있는 망국 난민들의 비참스런 유랑선들. 어떤 것은 마치 부두를 떠나가는 사람들처럼 아쉽고 간절스런 손 흔듦의 모습을 보여주고 있었고, 어떤 것은 또 울부짖음으로 호소하고 있거나 아니면 그저 저주와 절망 속에 넋 없이 이쪽을 바라보고 있는 소름끼치는 표정을 보여주고 있었다. 한결같이 지치고 헐벗고 야윈 얼굴들. 공포와 절망과 저주에 절여든 인간의 얼굴들." (245쪽)

유종열은 베트남전쟁 전쟁터의 참혹한 얼굴들이 끊임없이 그의 의식을 압박하는 상황에서 베트남 난민의 피난선들이 죽음의 항로를 헤매고 있는 동남아로 취재 여행을 떠났다. 그는 접경 지역의 난민촌을 찾아다니며 바다로 탈출한 난민들의 선상 유랑을 쫓아다니며 사진을 찍는다. 과거와 달리, 이 사진들에는 장소와 날짜가 모두 정확히 기록되어 있어, 그의 시간 감각이 이제 현실의 시간과 일치하게 되었음을 보여준다.

그러나 사진을 찍음으로써 베트남 난민에게 말을 걸고 그들의 현실을 직시하더라도, 실존하는 주체와 대상 간의 분리와 거리는 완전히 극복되지 않는다. 이 한계는 유종열이 마지막 취재 여행으로 라이베리아 편의치적선인 일본 선박에 오르면서 더욱 분명진다.

유종열은 베트남전쟁과 보트피플의 참상을 사진으로 기록하면서, 그들의 비극을 목격하고 현실의 시간 속에서 그들의 고통을 직시했다. 그러나 사진을 찍는 행위만으로는 난민들과의 심리적이고 물리적인 거리를 완전히 극복할 수 없었다. 그의 마지막 취재 여행은 이러한 한계를 더욱 분명히 드러냈다.

말레이시아 해역에서 단순한 사진 촬영에 그치던 유종열은 보르네오 해역을 북상해 남중국해에 이르러 난민선의 상황이 더욱 절망적이 되고 구조 요청이 절박해지자, 이들의 절규를 자신의 귀로 직접 듣고자 한다. 그는 난민선에 접근하여 구조를 요청했으나, 난민 구조를 금기시하는 일본인 선장은 그의 구조 요청을 거부했다.

당시 상황은 매우 복잡했다. 베트남 난민을 받아 주는 나라가 거의 없었고, 난민을 태운 배들의 입항이 금지된 항구도 많았기에, 많은 선박들이 이들을 외면했다. 특히 베트남 난민의 구조와 정착에 소극적이었던 일본은 인도주의적 관점에서 국제적인 비난을 많이 받았다. 1973년 파리 협정 직후부터 통일 베트남과 국교를 맺었던 일본이 베트남을 탈출한 해상 난민을 공개적으로 구조하고 지지하기는 어려웠다.

유종열이 이러한 사정이 있는 일본 선적의 배에 올랐다는 점은 주목할 만한데, 이를 통해 작가는 정치주의가 인도주의를 압도하는 현실에 대한 작가의 비판을 드러낸다. 일본인 선장이 구조를 거부하자 유종열은 작은 배를 타고 베트남 난민의 절규를 직접 듣기 위해 난민선으로 향한다. 이는 사진 찍기를 통해 베트남 난민에게 말을 걸었던 『시간의 門』의 주인공이 이제는 그들의 목소리를 직접 듣기 위해 망망대해로 나아가는 것이다.

난민선을 향해 배를 저어 가던 유종열이 사진 속에 담기는 순간, 그는 비로소 대상과 카메라 사이의 두꺼운 공간의 벽을 허물고 베트남 난민의 시간을 함께 공유하게 된다. 이는 그가 미래로 흐르는 시간의 문을 열게 되었음을 의한다. 이 장면은 단순한 기록을 넘어, 인간적 연대와 공감의 깊이를 상징적으로 보여주는 장치이다.

『시간의 門』은 베트남 보트피플을 실존주의적 관점에서 조명하는데, 이는 이러한 접근은 두 가지 측면에서 중요한 의미를 갖는다. 첫째, 작품에서 실존주의적 사유와 실천의 전개과정을 보여주고, 둘째, 베트남 난민에 대한 우리의 시공간적 거리, 사유와 감각, 그리고 행동 간의 괴리 극복 방식을 드러낸다.

유종열의 시도는 미래를 향한 시간의 문을 허망한 추상이나 꿈이 아닌, 살아 있는 인간의 현재 삶 한가운데서 찾고자 한다. 이는 자연만 있고 사람이 없던 그의 사진을 보트피플의 모습을 담은 사진으로 구체화된다. 사진에 담긴 베트남 난민의 모습은 절망과 비극을 담고 있지만, 이는 단순한 보도나 기록에 그치지 않는다. 나아가 이 이미지들은 자각의 계기가 되어, 사진을 찍거나 보는 이들이 앞으로 살아내야 할 시간의 무게와 책임으로 전환된다. 따라서 난민들의 모습은 절망 그 자체로 끝나는 것이 아니라, 미래의 시간대에 속하는 우리의 과제가 된다.

『시간의 門』의 주인공 유종열은 스스로의 결단에 따라 난민선을 향한 양심과 행동의 결사적인 항해를 감행했다. 보트피플을 앞에 두고 이루어진 한 인간 존재의 자기 결단과 행동은 시간과 공간을 초월하여 함께 살아내야 할, 공감하고 참여해야 할 인류의 시간이 되었다.

이러한 문학적 접근을 통해 베트남 난민 문제는 단순히 '그들만의 문제'에 머물게 하지 않고, 우리 모두의 문제로 확장시켰다. 결과적으로 베트남 난민을 구조하는 행위는 단순한 인도주의적 실천을 넘어, 우리 자신을 구원하는 행위로 승화되었다. 이는 인간의 고통에 대한 공감과 연대가 궁극적으로 우리 모두의 존재 가치를 높이는 길임을 보여준다.

2) 베트남 난민의 말 듣기
─「제3의 신」

『시간의 門』은 「제3의 신」의 씨앗을 내포하고 있다. 『시간의 門』에서 주인공이 베트남 난민을 피사체로 사진을 찍다가 그들의 절규를 듣기 위해 카메라를 내려놓고 난민선으로 향하는 순간, 말 걸기의 작업은 말 듣기의 작업으로 전환된다. 이는 두 작품 간의 내적 연관성을 보여주는 중요한 지점이다.

『시간의 門』에서 유종열이 다시 한 번 난민 문제에 맞서도록 한 난민선의 참극에 관해 혈서 기사는 「제3의 신」을 전개하는 가장 중요한 실마리가 된다. 혈서 기사의 내용은 다음과 같았다.

"여기서 우리는 먼저 죽어간 사람의 고기를 먹는다… 나는 이제 죽어간 인간들의 옷 위에 나의 피를 흘려 마지막

당부로 이 글을 적는다. 내가 그 일곱 인간의 고기를 먹고 살아온 빚을 갚기 위하여. 그 위에 이젠 내가 죽더라도 다시 나의 고기를 먹어줄 사람이 없으므로. 이 이야기를, 이 섬에서 일어난 참극의 이야기를, 누가 이 섬을 찾아와 이 것을 발견한 사람이 있거든, 눈감지 말고 전해주기 바란 다. 우리를 위해 피 흘려 싸워준 우방국들에게, 우리를 외 면하고 지나간 그 우방국의 선원들과 국민들에게. 세상의 모든 평화주의와 인도주의자들에게. 그리고 누구보다도 먼 저 우방국의 배와 비행기 편으로 재산과 함께 우방국으로 날아가 편안한 삶을 누리고 있을 우리의 옛 위정자들에게. 그 천추의 애국자들에게. 1975년 5월 x일"(252-253쪽)

이 기사는 베트남 난민의 극단적인 절망과 비참함을 적 나라하게 드러냈다. 동시에 그들의 목소리를 직접 전달하는 매개체 역할을 한다. 이 기사가 유종열에게 준 충격과 각성 은 그를 다시 한 번 행동하게 만들고, 이는 「제3의 신」이라 는 새로운 작품으로 이어진다.

혈서 기사는 단순한 정보 전달을 넘어서 인간의 존엄성 과 생존의 극한 상황을 생생하게 묘사한다. 먼저 죽은 이 들의 고기를 먹어야 하는 극단적인 상황과 그에 따른 죄책 감과 절망감이 핏빛 글씨로 표현되었다. 더불어 우방국들 의 이중성, 위정자들의 이기심, 그리고 세상의 무관심에 대한 날카로운 비판도 담겨 있다.

유종열에게 이 기사는 단순한 충격을 넘어 그의 내면에 잠재해 있던 인도주의적 감성과 사회적 책임감을 일깨우는 촉매제 역할을 한다. 그는 자신의 역할과 책임에 대해 심도 있게 고민하게 되고, 이는 「제3의 신」에서 더욱 깊이 있게 탐구된다.

『시간의 門』의 주제는 이청준의 유일한 희곡 「제3의 신」에서 유사하게 나타난다. 두 작품 간 차이점은 세부적인 묘사에 있는데, 「제3의 신」에서는 일곱 사람이 섬에 표착하여 한 달간 차례로 죽어가는 과정을 더욱 상세히 그린다. 또한 혈서의 작성 일자를 1979년 4월 8일로 명시하고, 작성자를 '바다를 헤매며 구조를 기다리던 한 망국의 유랑 난민'으로 구체화한다.

『시간의 門』이 베트남전쟁의 비극과 보트피플의 참상에 대한 관심과 사랑을 다룬다면, 「제3의 신」은 보트피플의 자기 증거와 구원이라는 더욱 깊은 문제의식에 천착한다. 이 두 작품을 잇는 핵심적인 연결고리는 혈서이며, 그 후반부는 보트피플의 관점에서 조용하지만 웅변적으로 비판을 제기한다.

혈서는 전쟁에 참여한 우방국, 난민을 외면한 우방국 국민들, 평화주의자와 인도주의자들, 그리고 안전한 곳으로

도피한 소위 '애국자'들을 향해 날카로운 비판의 화살을 겨눈다. 이를 통해 베트남전쟁의 본질적 의미와 목적, 평화와 인도주의의 실체, 그리고 거짓 애국자의 실상을 폭로한다.

혈서 전반부의 인육을 취식 사건 관련 내용은 당시에도, 그 이후에도 큰 논란을 일으켰다. 「제3의 신」의 줄거리와 유사한 실제 사례들이 있었다. 그 중 두 가지를 살펴보면 다음과 같다.

첫째, 55명의 베트남 난민을 태운 어선이 연안 경비대의 공격으로 선장을 잃고 표류한 사건이었다. 한 달 가까이 해상에서 표류하면서 병약한 이들이 사망하고, 극도의 허기에 시달린 생존자들이 사체를 먹기 시작했다. 이 과정에서 토하는 이들도 있었고, 굶어죽기를 선택한 이들도 있었다. 결국 먹지 않은 이들은 굶어 죽었고, 그들의 시신은 다시 남은 이들의 식량이 되었다. 다섯 달 후 이 배가 발견되었을 때는 단 한 명의 생존자만이 남아 있었다.

둘째, 1979년 사이공을 떠난 보트피플의 사례이다. 143명이 탄 배가 프로펠러에 그물이 걸려 표류하다 대만 연안의 사주에 걸려 움직이지 못하게 되었다. 식량이 바닥나자 절망에 빠진 사람들 중 일부가 자신이 죽으면 시신을 먹고 살아남으라는 유언을 남겼고, 점차 다른 이들도 이를 따랐다. 10일 후 대만 어선이 배를 발견해 견인했을 때 64명이 생존해 있었으나, 17일간 끌려다니다 배에 불이 나면서 대만 당국에 발견되었을 때는 생존자가 34명으로 줄어 있었다.

이러한 실제 사례들은 「제3의 신」의 서사가 단순한 허구가 아닌, 현실에 뿌리를 둔 비극적 진실임을 보여준다. 이를 통해 이청준의 소설 속 서사는 전쟁과 그 여파로 인한 인간의 극한 상황을 독자들에게 더욱 생생하고 절실하

| 연극, 「제3의 신」의 한 장면 |

게 전달할 수 있었다.

　「제3의 신」에서 혈서는 1979년 여름, 말레이시아 동쪽 (인도네시아 보르네오 북쪽) 인근의 작은 바위섬에 표류한 베트남 난민들에 의해 발견된다. 이들은 혈서를 남긴 이들의 죽음의 비밀을 알아내고자 하는 열망과, 자신들의 죽음의 이유를 알고 그것을 증거할 수 있다는 생각에서 일종의 연극을 시작한다. 혈서의 내용을 재현하는 듯한 이 액자 연극은 희곡의 2막과 3막을 차지한다.

| 연극, 「제3의 신」의 한 장면 |

『시간의 門』과 「제3의 신」은 시기적으로나 접근 방식에서 차이를 보인다. 『시간의 門』이 베트남전쟁 종결 시점인 1975년의 베트남 난민을 다룬다면, 「제3의 신」은 1979년 중월전쟁으로 정점에 달했던 시기의 보트피플(2차 베트남 난민)을 다룬다. 또한 전자가 외부 관찰자가 참여자로 변모하는 과정을 그린다면, 후자는 베트남 난민 자신들의 목소리를 직접 들려주는 방식을 택한다. 이로 인해 「제3의 신」에서는 보다 직접적으로, 그러나 여전히 문학적인 방식으로 난민들의 목소리를 들을 수 있다.

「제3의 신」에 등장하는 무인도 표착자들의 사회적 구성은 다양했다. 농사꾼(호아), 화교 출신의 탈출선 선장(춘), 클럽 여급(롱), 월남군 상사(탄), 가톨릭 신부(비엔), 사이공 대학생(타오), 월남 정객이자 무기밀매업자(가이) 등 일곱 명으로 구성된다. 이는 당시 보트피플의 실제 구성과 어느 정도 유사하다.

실제 보트피플은 대부분 베트남 정치인, 군인, 가톨릭 신자, 화교들로 구성되어 있고, 이는 당시의 특정한 정치적 맥락과 깊은 관련이 있었다. 어부들은 바다로 나갈 수 있는 경험과 수단이 있었고, 농부들은 베트남 인구의 대다수를 차지했기에 보트피플 중 상당한 비중을 차지했다. 그러나 대학생과 클럽 여급은 실제 보트피플의 사회적 계층을 대표할 정도로 다수를 구성하지는 않았다.

「제3의 신」에서 대학생 타오가 보트피플이 된 이유는 명확히 제시되지 않는다. 그러나 당시 많은 가족들이 많은 비용과 위험을 감수하면서도 청소년들을 먼저 탈출시키려 했다는 점을 고려하면, 그의 존재는 어느 정도 이해가 가능하다.

이렇듯 「제3의 신」은 다양한 배경을 가진 인물들을 통해 보트피플의 복잡한 현실을 그려낸다. 이 작품은 단순히 난민의 비극을 보여주는 데 그치지 않고, 각 인물의 목소리와 경험을 통해 당시의 정치적, 사회적 상황을 더욱 깊이 있게 들려준다.

「제3의 신」에서 등장인물들은 자신들이 어떻게 보트피플이 되었는지를 차례로 밝힌다. 다양한 배경을 가진 인물들의 이야기를 통해 베트남전쟁과 그 여파의 복잡성을 드러낸다. 각 인물의 경험은 당시 베트남 사회의 다양한 측면을 보여준다.

클럽 여급 롱은 가장 먼저 자신의 이야기를 밝힌다. 그녀는 클럽에서 만난 구정부의 고위 인사와 관계를 맺었던 경험을 털어놓는다. 그 인사는 사이공이 공산군에 함락되면 살아남기 힘들 것이라며 함께 탈출하자고 제안했다. 롱은 실제로 사이공 함락 당시의 혼란을 목격하며 마음이 바

뀐다. 그러나 그 고위 인사는 미국인 친구의 약속 불이행으로 헬리콥터에 오르지 못하고 치화(chi hoa, 志和) 형무소에 갇히게 된다. 롱은 돈을 받고 그에게 몇 차례 비밀편지를 전달하다가, 결국 당국에 체포되지 않을까 불안을 느껴 탈출을 결심한다.

농부 호아의 마을에서는 호아하오(Hòa Håo, 和好) 교가 널리 퍼져 있었다. 사이공이 공산군에 함락된 후 이곳에 모인 정부군 패잔병들이 모여들어 게릴라전을 준비했으나 곧 항복한다. 이에 인근 마을에 소탕령이 내려지고, 호아는 특별 재교육을 받게 된다. 그는 사상을 점검하는 비판회에서 부지불식간에 부적절한 발언을 하게 된다. 비판회의 토론 주제였던 "미국놈들의 만행"에 대해 그는 "이런 비판회니 뭐니 고역을 치르게 해 놓은 것, 우리를 이렇게 내동댕이치고 저희들끼리만 도망간 놈들로 징그럽고 나쁘고 몹쓸 놈들"이라고 발언한 것이다.

어부 겸 선장인 춘은 과거에 사람들을 국외로 실어 날랐던 경험이 있다고 털어놓는다. 그는 새 정부 사람들과 동업한 셈이었지만, 중국계 출신은 모두 본국으로 돌려보낸다는 소문을 듣고 신변의 불안을 느꼈다. 결국 화교 출신인 자신도 배에 탔다고 한다.

이들 세 사람은 자신이 보트피플이 된 이유를 직접 밝

히는데 이들은 모두 어쩌다 보니 멋모르게 휩쓸려 나온, 이편도 저편도 아닌 사람들이다. 어떻게 보면 탈출할 만한 뚜렷한 이유가 없는 사람들이라고 할 수 있다.

　그러나 「제3의 신」에서 이들은 자신을 단순한 희생자로 여기지 않는다. 오히려 그들은 이 사태가 편을 정해야 할 상황에서 끝내 편을 정하지 않은 것이 더 큰 허물이 되었다고 생각한다. 즉, 남의 일 보듯 상관하지 않으려 했던 자신과 같은 사람들의 허물이 이 비극을 빚어냈다고 인식한다. 이를 통해 등장인물들은 단순히 난민의 비극을 넘어, 역사적 상황 속에서 개인의 선택과 책임, 그리고 인과 관계로 만들어진 비극을 깊이 있게 성찰한다.

　월남군 상사 탄의 이야기는 선장을 통해 전해지는데, 그는 원래 베트민 출신이었으나, 남북 분단 이후 남베트남군에 들어간다. 1975년 4월 중순 쑤안록(Xuân Lộc) 전투에 참전했던 탄은 사단장의 도주를 목격하고 자신도 해안 지역으로 도망친다. 그는 다낭(Đà Nẵng)에서 미군 철수선(실제로는 난민 소개선)을 타고 괌까지 갔다가, 가족이 그리워 다시 베트남으로 돌아왔지만, 그러나 이중간첩 혐의로 체포되어 수용소에 갇혔다가 탈출한다.

　월남 정객이자 무기 밀매업자인 가이의 정체는 탄을 통해 밝혀진다. 가이는 지엠 정권 시절부터 국회의원을 지내며 자신의 권력을 이용해 베트콩에게 무기를 밀매한 인물로 그려진다.

가톨릭 신부 비엔은 호앙 꾸인 신부의 지지자로 그려진다. 후앙 꾸인(Hoàng Quỳnh) 신부는 1954년 제네바 협정 이후 북부에서 월남한 가톨릭교도로, 남베트남에서 불교를 탄압하고 가톨릭으로 개종을 강요한 인물로 알려져 있다.

반면에 사이공 대학생 타오는 반지엠 불교도 항쟁으로 유명한 고승 틱 트리 꽝(Thích Trí Quang, 釋智光)의 지지자로 등장한다. 비엔과 타오는 남베트남 사회 내부의 친정부와 반정부 세력을 상징하며, 이를 통해 남베트남 사회의 내부 분열을 형상화한다.

「제3의 신」은 이들 등장인물을 통해 인간 삶에서의 운명과 의지의 충돌을 드러낸다. 비엔을 통해서는 신과 운명, 역사의 측면을, 타오를 통해서는 인간과 희망, 의지의 측면을 보여준다.

이렇게 작품은 각 인물의 개인사를 통해 베트남전쟁의 복잡한 양상과 그 여파로 인한 사회적 혼란, 그리고 그 속에서 개인들이 겪은 고뇌와 선택을 생생하게 표현한다. 이는 단순한 난민 이야기를 넘어 인간의 본질적인 문제와 역사의 아이러니를 깊이 있게 탐구하고 있음을 보여준다.

「제3의 신」은 역사적 사실에 기반을 두면서도, 문학 작품으로서의 고유한 독특한 가치를 지니고 있다. 이 작품은 단순히 역사적 사실의 나열을 넘어서, 인간의 존엄성과 죽음의 의미, 그리고 역사의 기록과 기억에 대한 깊이 있는 성찰을 담아낸다.

작품은 보트피플이 신이나 운명의 장난에 희생된 존재가 아니라, 인간을 위한 순교자로서 자신들의 죽음을 증명하고자 하는 욕망을 형상화한다. 이들은 자신들의 비극적인 운명을 단순히 받아들이는 것이 아니라, 그것을 의미 있는 것으로 만들기 위해 노력한다.

극중 인물들은 섬에서 발견한 7인의 죽음을 기록한 혈서와 세 개의 무덤 사이의 불일치를 이용해 자신들과 앞서 죽은 이들의 죽음을 증명하려 한다. 이들은 의도적으로 유서의 내용과 실제 무덤의 수를 다르게 만들어, 후대에 이 섬에서 벌어진 비극을 알리고자 한다. 이는 진실을 수수께끼의 형태로 남겨, 역사의 진실을 보존하려는 시도로 볼 수 있다.

특히 주목할 만한 것은 마지막 생존자 호아가 선택한 '쭈어(Chúa, 神)'가 되는 방식이다. 이는 『시간의 門』의 유종열과 유사하게, 살아있다고도 죽었다고도 할 수 없는 존재가 되어 죽음의 숫자에 얽힌 참극에서 사람의 혼령의 숫자를 세겠다는 의지를 드러낸다.

이를 통해 「제3의 신」은 이름 없이 죽어간 베트남 보트 피플을 기억하게 하는 독특한 장치를 마련한다. 동시에 어떤 역사적 기록이나 진실도 모든 것을 완전히 설명할 수 없다는 사실을 보여준다. 작품은 여전히 열려 있는 베트남 난민의 '수수께끼'를 통해 역사의 불완전성과 인간 경험의 복잡성을 드러낸다.

결국 「제3의 신」은 역사적 사실을 바탕으로 하면서도, 문학만이 할 수 있는 방식으로 인간의 존엄성, 죽음의 의미, 역사의 기록과 기억에 대한 깊이 있는 성찰을 제공한다. 이 작품은 단순히 사실의 서술에 그치지 않고, 인간 경험의 복잡성과 역사의 불완전성을 포착하며, 잊혀질 수 있는 비극적 사건들을 기억하고 증언하는 문학의 역할을 보여준다.

6편의 한국 문학작품에서 베트남 난민을 형상화하는 방식은 크게 관계와 존재의 차원으로 나눌 수 있다. 관계의 차원은 한국사회, 특히 한국인과의 관계 속에서 베트남 난민의 초상을 살피는 접근이고, 존재의 차원은 실존적 존재로서의 베트남 난민에 대한 성찰이다.

「사랑 그리고 이별」, 「처녀 아리랑」, 「빨간 아오자이」에 등장하는 베트남 난민은 베트남전쟁 참전을 계기로 맺어진 관계(공식·비공식 혼인과 혈연)로 인해 한국 사회와 문화에 편입되어야 하는 존재로 그려진다. 이들에게 주어진 사회문화적 공간은 가족과 민족이다. 「사랑 그리고 이별」과 「처녀 아리랑」은 혈연이자 조국의 표상인 아버지를 통해 베트남 난민이 한국의 가족과 단일민족이라는 공간으로 진입함으로써 발생하는 갈등의 양상과 화해의 가능성을 보여준다. 특히, 2세의 한국사회 동화과정에서 의생적인 어머니의 역할이 중요하게 다루어진다.

이러한 특징은 「사랑 그리고 이별」에서 가장 뚜렷하다. 이 작품에서 어머니는 아버지와 한국에 대한 흔들림 없는 믿음과 충절이라는 공동의 보편 문화를 표상하는 동시에 아오자이와 남베트남 망국이라는 특수성을 대변한다. 또한 어머니는 자신을 세상에서 거두면서 아버지와 2세를 연결하는 기능을 수행한다. 이들 세 작품은 한국의 초기 다문화 사회화 과정에서 나타난 문화 접촉과 갈등을 다룬다.

그러나 이 문학 공간에는 베트남 난민이라는 소재가 지닌 고유성이 충분히 드러나지 않는다. 또한 가족 관계없이 한국 사회에 들어와 일시적 또는 영구적으로 정착한 다른 베트남 난민의 존재는 전혀 다루어지지 않는다. 이는 당시 한국 문학이 베트남 난민을 가족과 민족이라는 제한된 틀 안에서만 접근했음을 보여준다.

「보트피플」, 『시간의 門』, 「제3의 신」은 베트남 난민을 실존적 존재로 다룬다. 이 작품들은 개별적 존재로서의 베트남 난민의 고통, 희망, 절망을 보다 직접적으로 조명하며, 그들의 이야기를 통해 인간의 본질적인 고뇌와 구원을 성찰한다. 특히 『시간의 門』에서 유종열이 난민선으로 배를 저어가는 행위는 말 걸기에서 말 듣기로의 전환을 상징하며, 「제3의 신」은 베트남 난민들이 직접 자신들의 이야기를 전개한다.

이 작품들은 베트남 난민의 삶과 경험을 더욱 깊이 다룸으로써 한국 문학의 지평을 넓힌다. 이는 난민 문제를 넘어 인간의 보편적인 고통과 희망, 그리고 생존의지를 조명하며, 한국문학이 인류애적 관점에서 사회적 이슈를 다루는 능력을 보여주었다.

『시간의 門』, 「제3의 신」, 「보트피플」에서 베트남 난민은 그야말로 고유의 소재성을 갖게 되며 실존적·인본주의적 사유의 대상이 된다. 이 작품들은 단순한 구조 경험이나 참상의 전달을 넘어 난민들과의 대화를 시도한다. '보트피플'은 특히 베트남 난민을 구조·수용했던 경험과 동시에 보트피플이라는 사건이 한창 진행중이었던 시기 우리 사회의 전형적인 의식을 발견할 수 있다. 『시간의 門』과 「제3의 신」은 보트피플의 비극을 함께 증거하고 구원의 가능성을 모색한다.

이 작품들은 실존적 주체로서의 인간을 대면하며, 베트남 난민이라는 실체의 구원과 함께 이들의 정서적 사유를 재현하면서 문학적 진실을 추구한다. 그러나 이러한 접근에는 역사성이 부족한데, 이는 역사가 교훈 도출의 수단이나 불가항력적 운명으로만 그려지기 때문이다.

베트남 난민을 다룬 문학작품의 누락이나 한계점 지적은 역설적으로 이 작품들의 성과를 드러낸다. 이 작품들은 문학이라는 공간에서 베트남 난민에 관한 특정 흔적이 어떻게 기억되고, 저장되며, 재구성되는지를 보여준다. 또한 단순한 재현이 아닌, 허구를 통해 개별자로서의 베트남 난민 개개인과 더 깊은 대화를 나누고 실체적 진실을 공유할 수 있는 가능성을 제시한다.

이 문학작품들은 베트남 난민의 실존적 고통과 그들의 목소리를 채집함으로써, 난민들을 단순한 피해자가 아닌 자신의 존재와 운명을 증명하는 주체로 인식하게 한다. 이는 한국 문학이 베트남 난민 문제를 다루는 데 있어 중요한 성과로 볼 수 있다. 이들 작품은 다문화 사회화 과정에서의 갈등과 접촉을 직접적으로 다루지는 않지만, 베트남 난민의 존재를 한국 사회의 맥락 속에서 섬세히 조명함으로써, 존재와 문제를 드러내고 대화를 촉진하는 중요한 문화적 매개체로 작용한다고 볼 수 있다.

　이들 문학 작품은 보트피플을 소재로 삼아 문학적 허구를 통해 사실을 넘어선 진실에 다가가고자 한다. 이를 통해 독자들은 베트남 난민에 대해 더 깊이 공감과 이해할 수 있으며, 한국 문학이 우리의 공간과 의식에 들어온 난민 문제를 조명하고 성찰하는 데 중요한 역할을 수행하고 있음을 드러낸다.

맺음말

베트남 난민, 특히 보트피플의 유입은 한국 사회의 발전에 중요한 계기로 작용했다. 이는 단순히 인도주의적 차원을 넘어 한국이 처음으로 해상 난민을 인식하고 이들을 수용하면서 다양한 정책적·사회적 변화를 이끌어냈다. 난민 지위에 관한 협약에 가입하고 난민 보호와 관련된 법적, 제도적 기반을 마련하면서 한국은 국제 사회에서 책임 있는 역할을 수행하기 시작했다. 이러한 변화는 한국 사회가 다문화 수용성을 높이는 계기가 되었으며, 문화적 다양성을 경험하고 더욱 포용적인 사회로 발전하는 기회를 제공했다. 이 과정에서 한국은 글로벌 시대에 걸맞은 개방적이고 다원화된 사회로 나아가는 중요한 밑거름을 마련했다.

그러나 베트남 난민 수용 과정에서 몇 가지 문제점이 드러났다. 우선 난민에 대한 사회적 인식과 이해가 부족했다. 난민들의 문화와 배경에 대한 깊이 있는 이해보다는 표면적인 수용에 그치는 경우가 많았다. 또한 난민 정책이 장기적 비전 없이 단기적 대응에 치중했다. 이로 인해 난민들의 한국 사회 통합과 자립 지원이 미흡했다. 더불어 난민 문제에 대한 시민사회의 참여와 논의가 제한적이었다.

이러한 문제점들 중에서도 특히 주목해야 할 사안들로 다음을 들 수 있다. 난민 보호소라는 체제로 난민을 한국 사회로부터 격리시킨 점, 보트피플을 비롯한 해상 난민 구조에 대한 민간 차원의 관심과 참여가 부족했던 점, 그리고 보트피플을 기억하고 기념하는 방식에 대한 깊이 있는 성찰이 필요하다는 점을 들 수 있다. 이러한 사안들은 단순히 과거의 문제가 아니라, 현대 사회의 핵심 과제인 난민 보호와 이주민 통합의 문제와 직결되며, 한국이 국제

| 부산시 재송동 '월남난민보호소' 자리에 세워진 기념비 |

사회에서 책임 있는 역할을 수행하기 위해 반드시 숙고해야 할 주제들이다. 난민 정책의 발전과 한국 사회의 다문화화, 글로벌화가 진전되었음에도 불구하고, 이러한 근본적인 문제들에 대한 심층적인 고찰과 대안 모색이 여전히 필요한 시점이다. 이에 대한 깊이 있는 논의를 통해 한국 사회는 보다 포용적이고 성숙한 사회로 나아갈 수 있는 길을 모색할 수 있을 것이다.

난민보호소라는 명목으로 베트남 난민들을 시민과 사회로부터 격리한 정책은, 당시의 사회적 맥락에서 일정한 타당성을 가졌음에도 불구하고, 결과적으로 상호 이해와 통합의 귀중한 기회를 차단한 것으로 볼 수 있다. 이로 인해 난민들은 한국 사회에 적응하는 데 어려움을 겪었고, 한국 시민들 또한 난민에 대한 깊이 있는 이해의 기회를 얻지 못했다. 보호소는 난민들에게 한국을 단지 거쳐 가는 '정거장'으로 인식하게 만들어, 상호작용과 문화 교섭의 기회를 크게 제한했다. 직접적인 교류의 부족으로 난민들은 단순한 '타자'로 인식되었고, 이는 장기적으로 한국 사회의 보편적 인도주의 이해와 다문화 수용성 발전을 더디게 했다. 더불어 난민들은 사회적 고립, 자원 부족, 문화 공동체와의 지속적 교류 상실, 정체성 혼란 등으로 인해 자신들의 문화적 정체성을 유지하는 것은 물론, 한국 문화를 습득하거나 이와 교류하는 데에도 큰 어려움을 겪었다. 한국 시민들의 입장에서 이는 다양한 문화와 경험을 접할 수 있는 귀중한 기회의 상실이었으며, 난민 수용이 단순한 인도주의적 행위를 넘어 새로운 기술, 문화, 관점을 통해 한국 사회의 혁신과 발전을 촉진할 수 있는 중요한 기회였음을 알지 못한 것이었다.

한국이 유엔난민기구(UNHCR)와 협력하여 베트남 난민에 대해 적극적인 구조와 구호 활동을 펼친 것은 높이 평가할 만하다. 그러나 국제적 맥락에서 볼 때, 한국의 시민사회와 NGO 차원의 참여는 매우 제한적이었다. 당시 세계종교인평화회의(WCRP)의 보트피플 프로젝트, 월드비전, 국제기아대책기구, 국경없는 의사회, 캡 아나무르(Cap Ana-mur) 등 많은 NGO들이 남중국해에 직접 구조선을 파견하여 난민을 구조했던 것과는 대조적이다. 미국, 프랑스, 독일, 벨기에 등의 국가들이 보여준 시민사회의 적극적인 참여와 비교할 때, 한국에서 '베트남을 위한 배'와 같은 민간 주도의 구조 활동이 이루어지지 못한 점은 깊이 반추해 볼 필요가 있다.

이는 당시 한국 시민사회의 국제적 역량과 인도주의적 의식이 아직 충분히 성숙하지 못했음을 보여주는 동시에, 향후 발전 가능성도 시사한다. 정부나 대한적십자사와 같은 반관단체 주도의 난민 구호 활동이 주를 이루었던 것에서 한 걸음 더 나아가, 앞으로는 시민사회와 NGO가 해상 인도주의 활동에 더욱 주도적으로 참여할 수 있는 제도적, 문화적 기반을 마련하는 것이 중요하다. 이는 단순히 난민 구호에 그치지 않고, 한국 사회가 국제 사회의 책임 있는 일원으로서 역할을 확대하고, 글로벌 이슈에 대한 시민들의 인식과 참여를 높이는 계기가 될 것이다. 나아가 현재 지중해에서 벌어지고 있는 해상 난민 위기와 같은 국제적 사안에 대해서도, 한국 시민사회가 보다 적극적이고 독자적인 역할을 할 수 있는 역량을 키워나갈 것으로 기대된다.

마지막으로 부산 베트남난민 보호소 터에 세워진 기념비의 역할과 의미를 재고할 필요가 있다. 현재 이 기념비는 단순히 난민보호소의 위치를 표시하는 기능에 그치고 있어, 그 역사적 중요성은 물론 현재의 의의와 미래에 대한 시사점을 충분히 반영하지 못하고 있다. 이는 과거의 경험을 현재와 연결하고, 미래의 난민 정책과 다문화 사회 구축에 대한 통찰을 제공할 수 있는 중요한 매개체로서의 잠재력을 간과하고 있는 것이다. 기념비의 본질적 역할은 단순한 장소 표시를 넘어, 역사적 사건의 사실과 의미를 전달하고 사회적 성찰을 촉진하는 것이다. 베트남 난민보호소 기념비의 경우, 보트피플의 역사, 그들이 겪은 고난,

우리의 구조와 구호 노력, 그리고 한국 사회와의 상호작용을 생생하게 전달할 수 있어야 한다. 이를 통해 당시의 상황을 더 깊이 이해하고, 현재와 미래의 해상 난민 문제에 대해 새로운 시각을 가질 수 있게 될 것이다. 기념비를 중심으로 한 난민에 관한 지속적인 사회적 대화를 유도할 수 있을 것이다.

참고문헌

『월남난민보호소운영 1992~1992』, 부산광역시 기록관 1-19-5-A-8(6260272-99999999-000029).

『월남난민보호소운영 1988~1989』, 부산광역시 기록관 7-10-4-B-6(6260272-99999999-000014).

『월남난민보호소운영 1986~1988』, 부산광역시 기록관 7-10-5-C-7(6260272-99999999-000021).

『경향신문』, 『동아일보』, 『매일경제』, 『한겨레』, 『국제신문』, 『연합뉴스』

고명철(2005),『철날 위에 서다』, 실천문학사.

김기태(2011), 『전 베트남한인회 전영상 회장에 대한 회고』, 동남아선교정보센터.

김기태(1981), 「한국정착 베트남난민들의 적응관계 조사연구」, 『한국외국어대학교 논문』 Vol.14 No.1.

김기태. 「김기태교수의 나의 베트남생활」, 『교민잡지』 통권 제19호, (2003년 11월).

김남혁(2012), 「이청준 문학에 드러난 '정치적인 것'에 대한 연구—「수상한 해협」, 「제3의신」, 「그림자」를 중심으로」, 『순천향 인문과학논총』, 제31권 3호.

김영광(1979), 「인지 난민문제와 안보적 평가」, 『세대』 제17권 통권 194호.

김혜린(1992),「빨간 아오자이」(김혜린 극본, MBC 베스트 극장), 부산광역시기 록관. 오현미(1995),『붉은 아오자이』, 영림카디널.

노상학(1979), 「월남난민의 오늘과 내일」, 『기독교사상』 통권 254호 (1979년 8월호)

노영순(2013), 「바다의 디아스포라, 보트피플: 한국에 들어온 2차 베트남 난민(1977~1993) 연구」, 『디아스포라 연구』 제7권 제2호(제 14집).

노영순(2014), 「부산입항 1975년 베트남난민과 한국사회」, 『사총』 81집.

노영순(2014), 「한국문학의 베트남 선상난민 형상화와 존재양태」, 『해항도시문화교섭학』 제10호.

대한적십자사(2006). 『한국적십자운동100년』, 대한적십자사.

박인석(1993), 「월남공화국 패망시 최후 사이공 철수 구출작전」, 『옥포지』 14호.

서경석(2013), 『전투감각』, 샘터사.

이종택(1992), 「처녀 아리랑」(이종택 각본, 박석규 감독, 주식회사 영화방), 부산광역시기록관.

이청준(1990), 「제三의 神」, 『비화밀교』, 도서출판 나남.

이청준(1922), 『시간의 門』, 중원사.

이희우(1983), 「사랑 그리고 이별」(이희우 각본, 변장호 감

독, 동아흥행주식회사, 항기기업 유한공사), 한국영상
자료원.

정인섭(2009). 「한국에서의 난민 수용 실행」. 『서울 국제법
연구』 제16권 1호.

정찬영(2011), 「한국과 베트남소설에 나타난 베트남전쟁 담
론 연구」, 『한국문학논총』.

정학진(2008), 「이청준의 희곡 〈제3의신〉 다시 읽기」, http:
//clusterl. cafe.daum.net/c21

천금성(1994), 「보트 피플」, 『이상한 바다』, 해성출판사.

최영(1984). 「중월전쟁연구」. 『아세아연구』 27권 1호.

최은범(2003). 「적십자사의 베트남난민 수용구호사례」. 『북
한 난민 대량발생사태의 대응방안: NGO의 활동을 중
심으로』. 제23회 북한동포의 생명과인권 학술토론회
발표문(2003년 12월 5일).

陳素英(2006), 「論香港越南民和船民問題的緣起」. 『史學月
刊』 第8期.

封保華(n.d.). 「北海難民略述」, China Academic Journal
Electronic Publishing House. http://cnki.net
(검색일: 2013.03.21).

Barnes, R. (2004). Refugee Law at Sea. The Interna
-tional and Comparative Law Quarterly, 53(1).

Chang, P. (1982). The Sino-Vietnamese Dispute over
the Ethnic Chinese. The China Quarterly, (90).

Chetty, A. L. (n.d.). Resolution of the Problem of Boat People: The Case for a Global Initiative. Retrieved January 27, 2013, from www.worldlii.org/int/···/8.html

Dunham, G. R., & Quinlan, D. A. (1990). U.S. Marines in Vietnam, The Bitter End 1973-1975. History and Museums Division, Headquarters U.S. Marine Corps.

Frankum, R. B. (2007). Operation Passage to Freedom: The United States Navy in Vietnam, 1954-1955. Texas Tech University Press.

Garver, J. W. (1993). Foreign Relations of the People's Republic of China. Prentice-Hall, Inc.

Haynes, K. (1993). A comparison of the treatment of refugees Cambodians in Thailand and Vietnamese in Hong Kong (Master's thesis). University of Hong Kong.

Kjærum, M. (1992). The Concept of Country of First Asylum. International Journal Refuge Law, 4(4).

Marks, E. B. (2005). Still Counting: Achievements and Follies of a Nonagenarian. University Press of America.

Ngo, L. K. (n.d.). Cannibalism: It Still Exists. Retrieved from spalding.pbworks.com/fNgo_ Cannibalism.doc

203

Osborne, M. (1980). The Indochinese Refugees: Causes and Effects. International Affairs, 56(1).

Prados, J. (2005). The Number Game: How Many Vietnamese Fled South in 1965? The VVA Veteran. Retrieved from http://www.vva.org/archive/TheVeteran/2005_01/feature_numbersGame.htm

Que, L. T., Rambo, A. T., & Murfin, G. D. (1976). Why They Fled: refugee movement during the spring 1975 communist offensive in South Vietnam. Asian Survey, 16(9).

Radio Free Asia. (2009, May 11). Boat People 'Ate Their Relatives'. Retrieved from http://tl-ph.facebook.com/notes/radio-free-asia/boat people-ate-their-relatives/80033971707

Robinson, W. C. (2004). The Comprehensive Plan of Action for Indochinese Refugees, 1989-1997: Sharing the Burdon and Passing the Buck. Journal of Refugee Studies, 17(3).

Stein, B. (1979). The Geneva Conferences and the Indochinese Refugee Crisis. International Migration Review, 13(4).

Suhrke, A. (1983). Indochinese Refugees: The Law and Politics of First Asylum. Annals of the American

Academy of Political and Social Science, 467.

Thompson, L. C. (2010). Refugee Workers in the Indochinese Exodus, 1975-1982. McFarland.

United States General Accounting Office. (1990). Refugee Program, The Orderly Departure Program from Vietnam. Report to the Chairman, Subcommittee on Immigration, refugees, and International Law, Committee on the Judiciary, House of Representatives.

지은이 **노 영 순**

1983년 겨울, 태국 난민 캠프에서 봉사하며 인도차이나 난민들과 특별한 인연을 맺었다. '그들을 기억하는 것'이 자신이 할 수 있는 최선이라 여기며 동남아시아 공부를 시작했다. 2009년 이래 한국해양대학교 국제해양문제연구소에서 보트피플과 해상 난민들의 삶을 기록하며, 바다가 간직한 인간의 이야기를 세상에 전하고 있다.

이번 저서에서는 베트남 난민과 관련된 역사와 문학적 성찰을 담았다. 특히, 해상 난민에 대한 이제까지의 연구 중에서도 한국과 관련된 베트남 난민과 한국 문학이 표현하는 베트남 난민의 이야기에 주목했다. 난민의 관계성과 정체성을 탐구하며, 이를 현대적 시각으로 재조명하고자 했다. 과거를 넘어 오늘날에도 여전히 유효한 인간성과 연대의 가치를 독자들에게 전하고자 한다.

해양역사문화문고⑨
보트피플, 한국에 닻을 내리다
– 한국 입국 베트남 난민의 역사와 문화적 영향

2024년 12월 25일 초판 인쇄
2024년 12월 30일 초판 발행

지 은 이 노 영 순
펴 낸 이 한 신 규
편   집 김 영 이

펴 낸 곳 글터
　서울시 송파구 동남로 11길 19(가락동)
　T 070.7613.9110　F 02.443.0212　E geul2013@naver.com

등   록 2013년 4월 12일(제25100-2013-000041호)

ISBN 979-11-88353-70-5 03910　　**정가** 15,000원